KB066694

인강
할인 이벤트

맛있는스쿨 ▶ 단과 강좌 할인 쿠폰

할인 코드 **jrchina03om**

단과 강좌 할인 쿠폰

20% 할인

할인 쿠폰 사용 안내

1. 맛있는스쿨(cyberjrc.com)에 접속하여 [회원가입] 후 로그인을 합니다.
2. 메뉴中[쿠폰] → 하단[쿠폰 등록하기]에 쿠폰번호 입력 → [등록]을 클릭하면 쿠폰이 등록됩니다.
3. [단과] 수강 신청 후, [온라인 쿠폰 적용하기]를 클릭하여 등록된 쿠폰을 사용하세요.
4. 결제 후, [나의 강의실]에서 수강합니다.

쿠폰 사용 시 유의 사항

1. 본 쿠폰은 맛있는스쿨 단과 강좌 결제 시에만 사용이 가능합니다.
2. 본 쿠폰은 타 쿠폰과 중복 할인이 되지 않습니다.
3. 교재 환불 시 쿠폰 사용이 불가합니다.
4. 쿠폰 발급 후 60일 내로 사용이 가능합니다.
*쿠폰 사용 문의 : 카카오톡 플친 @맛있는중국어jrc

전화 화상
할인 이벤트

맛있는톡 🗨 할인 쿠폰

할인 코드 **jrcphone2qsj**

전화&화상 외국어 할인 쿠폰

10,000원

할인 쿠폰 사용 안내

1. 맛있는톡 전화&화상 중국어(phonejrc.com), 영어(eng.phonejrc.com)에 접속하여 [회원가입] 후 로그인을 합니다.
2. 메뉴中[쿠폰] → 하단[쿠폰 등록하기]에 쿠폰번호 입력 → [등록]을 클릭하면 쿠폰이 등록됩니다.
3. 전화&화상 외국어 수강 신청 시 [온라인 쿠폰 적용하기]를 클릭하여 등록된 쿠폰을 사용하세요.

쿠폰 사용 시 유의 사항

1. 본 쿠폰은 전화&화상 외국어 결제 시에만 사용이 가능합니다.
2. 본 쿠폰은 타 쿠폰과 중복 할인이 되지 않습니다.
3. 교재 환불 시 쿠폰 사용이 불가합니다.
4. 쿠폰 발급 후 60일 내로 사용이 가능합니다.
*쿠폰 사용 문의 : 카카오톡 플친 @맛있는중국어jrc

100만 독자의 선택
맛있는 중국어 시리즈

회화

첫걸음·초급
- ▶ 중국어 발음과 기본 문형 학습
- ▶ 중국어 뼈대 문장 학습

초·중급
- ▶ 핵심 패턴 학습
- ▶ 언어 4대 영역 종합 학습

맛있는 중국어
Level ❶ 첫걸음

맛있는 중국어
Level ❷ 기초 회화

맛있는 중국어
Level ❸ 초급 패턴1

맛있는 중국어
Level ❹ 초급 패턴2

맛있는 중국어
Level ❺ 스피킹

맛있는 중국어
Level ❻ 중국통

기본서

- ▶ 재미와 감동, 문화까지 **독해**
- ▶ 어법과 어감을 통한 **작문**
- ▶ 60가지 생활 밀착형 회화 **듣기**

- ▶ 이론과 트레이닝의 결합! **어법**
- ▶ 듣고 쓰고 말하는 **간체자**

맛있는 중국어 독해 ❶❷

맛있는 중국어 작문 ❶❷

맛있는 중국어 듣기

맛있는 중국어 어법

맛있는 중국어 간체자

비즈니스

맛있는
비즈니스 중국어
Level ❶ 첫걸음

맛있는
비즈니스 중국어
Level ❷ 일상 업무

맛있는
비즈니스 중국어
Level ❸ 중국 출장

맛있는
비즈니스 중국어
Level ❹ 실전 업무

- ▶ 비즈니스 중국어 초보 탈출! **첫걸음**
- ▶ 중국인 동료와 의사소통이 가능한 **일상 업무편**
- ▶ 입국부터 출국까지 완벽 가이드! **중국 출장편**
- ▶ 중국인과의 거래, 이젠 자신만만! **실전 업무편**

\ 100만 독자의 선택 /

맛있는 중국어 HSK 시리즈

기본서

▶ **시작**에서 **합격**까지 **4주** 완성
▶ 모의고사 동영상 무료 제공(6급 제외)

▶ **기본서+해설집+모의고사** All In One 구성
▶ 필수 **단어장** 별책 제공

| 맛있는 중국어 HSK 1~2급 첫걸음 | 맛있는 중국어 HSK 3급 | 맛있는 중국어 HSK 4급 | 맛있는 중국어 HSK 5급 | 맛있는 중국어 HSK 6급 |

모의고사

맛있는 중국어 HSK 1~2급 첫걸음 400제   맛있는 중국어 HSK 3급 400제   맛있는 중국어 HSK 4급 1000제   맛있는 중국어 HSK 5급 1000제   맛있는 중국어 HSK 6급 1000제

▶ 실전 HSK 막판 뒤집기!
▶ 상세하고 친절한 **해설집 PDF** 파일 **제공**
▶ 학습 효과를 높이는 **듣기 MP3** 파일 **제공**

단어장

맛있는 중국어 HSK 1~4급 단어장   맛있는 중국어 HSK 1~3급 단어장   맛있는 중국어 HSK 4급 단어장   맛있는 중국어 HSK 5급 단어장

▶ 주제별 분류로 **연상 학습** 가능
▶ HSK **출제 포인트**와 **기출 예문**이 한눈에!
▶ **단어 암기**부터 HSK **실전 문제 적용**까지 한 권에!
▶ 단어&예문 **암기 동영상** 제공

『퍼스트 중국어』는 중국어 1등 학습 내비게이션으로,
중국어 학습자 여러분이 중국어의 달인이 될 수 있도록
가장 쉽고, 재미있고, 효과적인 중국어 학습의 길로 인도해 드립니다.

중국어 1등 학습 내비게이션

퍼스트 중국어

JRC 중국어연구소 기획
김준헌, 왕혜경 저

1

맛있는 books

퍼스트 중국어 ❶

초판 1쇄 발행	2020년 12월 1일
초판 2쇄 발행	2022년 1월 30일

저자	김준헌 ㅣ 왕혜경
발행인	김효정
발행처	맛있는books
등록번호	제2006-000273호
편집	최정임
디자인	이솔잎
제작	박선희
영업	강민호
마케팅	장주연
일러스트	뚜잉

주소	서울 서초구 명달로 54 JRC빌딩 7층
전화	구입문의 02·567·3861 ㅣ 02·567·3837
	내용문의 02·567·3860
팩스	02·567·2471
홈페이지	www.booksJRC.com

ISBN	979-11-6148-049-7 14720
	979-11-6148-048-0 (세트)
정가	15,000원

Copyright ⓒ 2020 맛있는books

저자와 출판사의 허락 없이 이 책의 일부 또는 전부를 무단 복사·전재·발췌할 수 없습니다.
잘못된 책은 구입처에서 바꿔 드립니다.

정치, 경제, 사회, 문화 등 거의 모든 분야에 걸쳐서 중국은 지난 10년보다 앞으로 10년 혹은 더 긴 세월을 좋든 싫든 우리나라에 거대한 영향을 미칠 것입니다. 그런 중국과 이웃하고 있는 우리나라에서 중국을 연구하고 중국어를 열심히 공부해야 하는 것은 어쩌면 운명이라고 하겠습니다.

그런데 중국어는 배우겠다고 어렵게 결심한 사람의 뜨거운 의욕에 차디찬 얼음물을 사정없이 들이붓는 요소로 가득한 언어입니다. 온통 어려운 한자투성이이고, 우리말에는 없는 성조라는 것도 있으며, 어순도 영어랑 비슷합니다. 중국어 교재를 슬쩍 들추어 보고서는 '중국 사람은 이런 복잡한 한자를 도대체 어떻게 외워서 어떻게 말할 수 있는 거지?'라고 탄식하는 사람도 적지 않으니까요.

『퍼스트 중국어』는 지금까지 다양한 중국어 교재를 만들고 실제 교실에서 사용해 본 필자의 경험을 바탕으로, 중국어를 어떻게 해서든 익혀서 사용해 보고 싶은 학습자들의 의욕에 보답하기 위하여 만들었습니다. 어법 사항은 어순, 긍정문, 의문문, 부정문 등 핵심 내용을 시각적으로 단번에 파악할 수 있도록 서술하였으며, 새로 익힌 어법은 그 자리에서 확인하고 지나가도록 아래에 간단한 문제를 배치하였습니다. 필요한 내용은 쉽고 친절하게 설명하였고, 예문은 어법 요소가 잘 표현되어 있으면서도 실제 회화에 즉시 사용할 수 있는 실용적인 중국어 문장으로만 구성하였습니다.

또한 회화의 내용에 대한 깊이 있는 이해를 돕기 위하여 과별 연습문제는 '발음의 달인', '듣기의 달인' 및 '회화의 달인' 등 영역별 문제로 풀어 보면서 자연스럽게 중국어를 습득할 수 있게 만들었습니다.

워크북은 단순한 문장을 다양한 형태로 먼저 조합해 본 다음, 복잡한 문장으로 진행하는 형식을 취하고 있습니다. 연습문제와 워크북의 패턴 문제에 있는 네 글자, 다섯 글자로 이루어진 중국어를 반복 연습하다 보면, 어느새 열 글자 이상의 긴 중국어도 쉽게 말할 수 있는 능력을 갖추게 될 것입니다.

단 며칠 만에 중국어를 마스터할 수는 없습니다. 상당한 기간, 지난한 노력을 중국어에 쏟아부어야만 어느 정도 쓸만한 수준의 중국어 능력을 습득하게 될 것입니다. 이 책은 여러분이 중국어를 마스터하기 위하여 쏟아부어야 할 그 많은 시간과 지난한 노력을 조금은 덜어주는 역할을 할 수 있는 교재라고 자부합니다.

이 책을 세상에 선보이기 위하여, 그리고 중국어를 공부하는 모든 이들에게 꼭 필요한 교재를 만들기 위하여, 각종 자료를 마주하고 서재의 문을 닫은 채 일 년 이상 심혈을 기울였습니다. 그렇지만 제대로 된 책으로서의 모습을 갖추는 데에는 기획 단계에서부터 마지막 교정에 이르기까지 편집부 전유진 님의 적절한 지적과 피드백이 큰 도움이 되었음을 밝히지 않을 수 없습니다. 이 자리를 빌어서 감사의 인사를 드립니다.

저자 대표: 김준헌
백련산 기슭 서재에서

차례

4

학습 목표 & 어법 사항

본 과에서 학습할 내용을 미리 확인할 수 있습니다.

주요 표현

과마다 3~4개의 주요 표현들이 있어서 총 40개의 주요 표현들로 기본 문형을 익힐 수 있습니다.

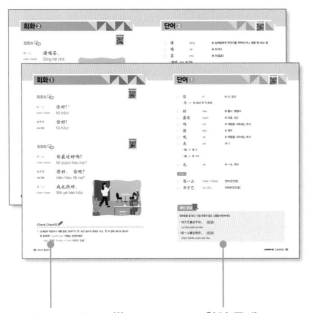

회화 ❶ ❷

일상생활에서 많이 사용하는 표현들로 이루어진 회화를 통해 재미있게 중국어를 학습할 수 있습니다.

단어 ❶ ❷

회화에 나오는 새 단어를 먼저 학습하고, 단어를 보며 회화를 학습하면 좀 더 쉽게 회화 내용을 이해할 수 있습니다. 확실하게 익힌 단어는 □에 표시하며 활용해 보세요.

Check Check!!!

회화 표현 중 보충 설명이 필요한 내용을 간략하게 추가해 놓았습니다.

확인 문제

회화 내용을 잘 이해했는지 문제를 풀며 확인해 보세요.

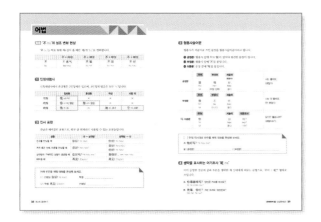

어법

회화에 나오는 주요 어법 표현들을 알기 쉽게 설명했고, 주요 어순은 한눈에 파악할 수 있게 도식화 했습니다. 학습한 어법은 바로바로 문제를 풀며 확인해 보세요.

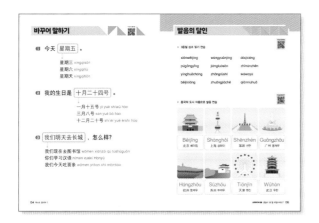

바꾸어 말하기

자주 사용하는 표현들은 단어를 바꿔 가며 확장 연습할 수 있습니다.

발음의 달인

1과에서 학습한 발음을 토대로 다양한 단어의 녹음을 듣고 따라 읽으며 성조와 발음 연습을 합니다. 자주 사용하는 단어들이 주제별로 나뉘어 있어서 어휘 학습에도 유용합니다.

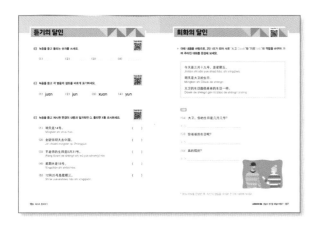

듣기의 달인

숫자, 발음, 문장, 대화 등 다양한 문제로 듣기 연습을 하며 듣기 실력을 향상시킬 수 있습니다.

회화의 달인

회화 ①, ②에서 학습한 단어, 어법, 문형들을 활용하여 독해 연습을 하며, 실제 대화 형식으로 말하기 연습도 할 수 있습니다.

한자 칼럼

간체자의 생성 원리를 이해하기 쉽게 설명하여 간체자에 대한 이해도를 높여 줍니다.

문화 칼럼

중국 사람들과 교류할 때 알아두면 유용할 '중국 사람의 보디랭귀지' 5가지를 소개했습니다.

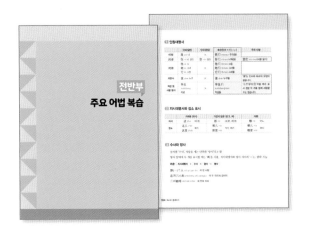

주요 어법 복습

전반부, 후반부로 나누어 앞에서 학습한 어법을 총 정리했습니다. 시험 전에 어법 복습할 때 활용해 보세요.

📖 부록

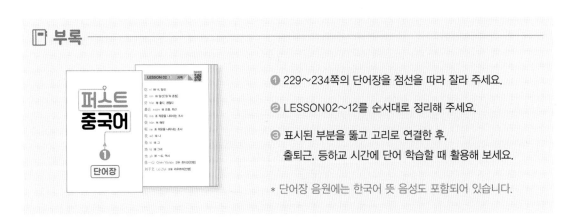

❶ 229~234쪽의 단어장을 점선을 따라 잘라 주세요.

❷ LESSON02~12를 순서대로 정리해 주세요.

❸ 표시된 부분을 뚫고 고리로 연결한 후,
출퇴근, 등하교 시간에 단어 학습할 때 활용해 보세요.

* 단어장 음원에는 한국어 뜻 음성도 포함되어 있습니다.

* 정답은 맛있는북스 홈페이지(www.booksJRC.com) 자료실에서 다운로드 할 수 있습니다.

워크북

간체자 쓰기

본책의 새 단어 중 주요 단어들을 선별했습니다. 획순을 보며 간체자를 정확하게 쓰는 연습을 하고, 번체자와 어떻게 다른지도 비교해 보세요.

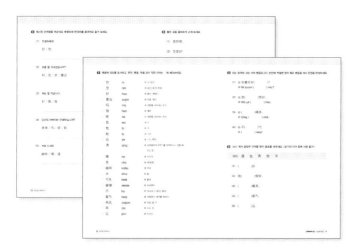

연습문제

본책에서 학습한 새 단어의 성조를 표시하며 단어를 복습하고, 다양한 문제들을 풀며 문장 복습과 동시에 쓰기 연습도 할 수 있습니다.

🎧 MP3 사용법

▶ MP3 트랙번호

과 표시 ── Track ⑴-⑴ ── 트랙 표시

▶ MP3 듣는 방법

1.  트랙의 QR코드를 인식하면 바로 음원을 들을 수 있습니다.
   (포털 사이트에 있는 QR코드 입력기를 클릭하거나 QR코드 리더기를 활용하세요.)

2. 컴퓨터에서 맛있는books 홈페이지(www.booksJRC.com)에 로그인을 한 후, MP3 파일을 다운로드 해서 들을 수 있습니다.

▶ 품사 약어표

품사명	약어	품사명	약어	품사명	약어
명사	명	고유명사	고유	접속사	접
동사	동	인칭대사	대	조동사	조동
형용사	형	의문대사	대	감탄사	감탄
부사	부	지시대사	대	접두사	접두
수사	수	어기조사	조	접미사	접미
양사	양	동태조사	조	수량사	수량
개사	개	구조조사	조		

▶ 교재 표기 방법

① **고유명사 표기**: 중국의 지명, 기관, 요리, 중국인의 인명 등은 중국어 발음을 한국어로 표기했으나, 그중 널리 알려진 지명은 한국어로 표기했습니다.

　예 北京 Běijīng 베이징　　　　陈一山 Chén Yīshān 천이산

② **이합동사의 병음 표기**: 단어에서는 분리되는 부분에 // 표시를 했고, 문장에서는 붙였습니다.

③ **了의 표기**: 동태조사는 了₁로, 어기조사는 了₂로 구분하여 표기했습니다.

▶ 문장 성분의 색 구분

중국어의 어순을 쉽게 익힐 수 있도록 주요 어법에는 문장 성분 및 일부 품사를 색으로 구분하여 어순을 도식화 했습니다. 문장 성분의 색을 기억하고 어법을 학습하면 어순을 좀 더 쉽게 익힐 수 있습니다.

| 주어 | 서술어 | 목적어 | 수식어 | 부사어 | 보어 | 부정사 | 조사 | 기타 | 일부 문형 |

* 단, 일부 어법은 빠른 이해와 숙지를 위해 문장 성분 색에 품사 또는 단어를 바로 제시했습니다.

* 문장 성분으로 구분하기 어려운 일부 주요 문형은 노란색으로 표시했습니다.

왕 선생님

王老师 Wáng lǎoshī
중국인, 49살, 중국어 선생님

김지용

金志龙 Jīn Zhìlóng
한국인, 20살, 대학생

박민영

朴敏英 Piáo Mǐnyīng
한국인, 20살, 대학생

천이산

陈一山 Chén Yīshān
중국인, 21살, 대학생

리우쯔이

刘子艺 Liú Zǐyì
중국인, 21살, 대학생

데이비드

大卫 Dàwèi
미국인, 25살, 대학생

마리

玛丽 Mǎlì
영국인, 24살, 대학생

발음

학습 목표

먼저 중국어에 대한 기본 상식을 익힌 다음, 중국어의 성조, 운모, 성모와 중국어의 발음을 표기하는 알파벳, 즉 한어병음에 대해서 학습합니다. 성모와 운모로 이루어진 하나의 음절을 처음부터 끝까지 성조를 넣어서 발음하는 방법을 중점적으로 연습합니다.

1 중국어 상식

(가) 중국의 표준어 '보통화(普通话)'

드넓은 중국 대륙의 각지에는 서로 간단한 의사소통조차 불가능한 많은 사투리들이 있습니다. 그중 중국의 북쪽 지역에서 주로 사용하는 사투리를 **관화**(官话 북방 중국어)'라고 하는데, 이 관화 사용 지역의 중심에 수도 '베이징'이 자리하고 있습니다. 1955년 중국 정부는 중국의 표준말을 베이징 사람들의 말소리를 표준 발음으로 하고, 현대 구어체 중국어 작품을 어법의 기준으로 삼아 '보통 인민들이 사용하는 말'이라는 뜻에서 **보통화**(普通话 pǔtōnghuà)'라고 이름 지었습니다.

(나) 표기 수단으로서의 '간체자(简体字)'

수천 년 동안 중국인들이 사용해 온 표기 수단은 '한자'였고, 지금도 여전히 한자를 사용하고 있다는 사실에는 변함이 없습니다. 다만, 필기상의 편의를 고려하여 일상생활에서 자주 사용하는 2,200여 개의 한자들은 좀 더 심플하면서도 쓰기 쉽게 자형을 단순화시켰는데, 이를 **간체자**(简体字 jiǎntǐzi)'라고 합니다. 반대로 단순화시키지 않은 전통적인 의미에서의 한자는 **번체자**(繁体字 fántǐzi)'라고 합니다.

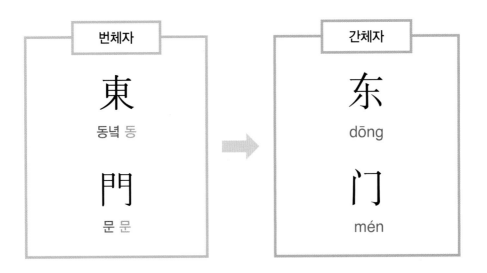

(다) 한자의 발음을 표기하는 알파벳 기호 '한어병음(汉语拼音)'

한글이나 영어는 모르는 단어라도 일단 읽을 수 있지만, 표의문자인 한자는 어떤 글자를 처음 봤을 때 누가 가르쳐 주지 않는 한 아예 읽을 수조차 없습니다. 때문에 중국인들은 한자의 효율적인 학습을 위하여 역사적으로 다양한 발음 표기 수단을 고안해 냈습니다. 그중 명청(明清) 시기 중국에 파견되었던 서구 선교사들이 중국어를 습득하기 위하여 창안해 낸 한자 발음 표기용 알파벳이 몇 종류 존재했었는데, 그러한 표기법들의 장점을 취하고 단점을 버리는 식으로 발전시킨 것이 바로 현대 중국어의 발음 표기법인 **'한어병음**(汉语拼音 Hànyǔ pīnyīn)'입니다. 일반적으로 **'병음**(拼音 pīnyīn)'이라고 줄여서 부릅니다.

2 중국어의 음절 구조

① **성조**: 음절 전체에 영향을 미치는 음의 높낮이

② **성모**: 음절의 첫머리에 오는 성분

③ **운모**: 성조와 성모를 제외한 나머지 음절

Track 01-01

3 성조

(가) 4개의 기본 성조와 반3성

	성조 표기		높낮이	발음 요령
제1성	—	ā	5 ──→ 5	높고 평평한 소리. 처음부터 끝까지 높은 소리를 유지해야 합니다.
제2성	/	á	3 ──→ 5	급격하게 높아지는 소리. 중간 높이에서 출발하여 제일 높은 곳까지 올라가서 멈춥니다.
제3성	∨	ǎ	2→1→3	낮은 음에서 더 낮은 음까지 내려갔다가 살짝 올라가는 소리. 낮아졌다가 다시 올라가는 형태의 변곡 성조입니다.
제4성	\	à	5 ──→ 1	가장 높은 음에서 가장 낮은 음으로 단숨에 떨어지는 소리. 폭포수처럼 떨어지는 느낌이 드는 강한 소리를 내야 합니다.
반3성	∨⋰	ǎ	2 ──→ 1	낮은 음에서 더 낮은 음으로 내려가는 소리. 제3성의 전반부만 소리 내기 때문에 '반3성'이라고 합니다.

(나) 성조의 높낮이 패턴

제1성　　　　제2성　　　　제3성　　　　제4성

(다) 경성

앞 성조의 높이에 맞추어 가볍게 발음하면 되고, 고유의 성조 기호는 없습니다.

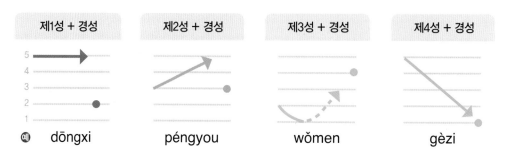

제1성 + 경성　　제2성 + 경성　　제3성 + 경성　　제4성 + 경성

dōngxi　　　péngyou　　　wǒmen　　　gèzi

4 6개의 단운모

(가) 발음 방법

a 혀를 아래쪽으로 내린 상태에서 입을 크게 벌리고 '아'라고 발음합니다.

o 한국어의 '오'보다 입술을 더 둥글게, 좀 더 앞으로 내민 상태에서 '오'를 발음합니다.

e 손가락 끝이 간신히 들어갈 정도로만 위아래 입술을 벌리고, 혀는 '오'를 발음할 때의 위치에 두고서 목청에 힘을 준 채 신음하듯이 '으'를 발음합니다.

i 한국어의 '이'보다 입술을 두 귀 쪽으로 더 잡아당긴다는 느낌으로 '이'를 발음합니다.

u 한국어의 '우'보다 입술을 좀 더 둥글게, 훨씬 더 앞으로 내민 상태에서 '우'를 발음합니다.

ü 한국어의 '위'를 발음할 때와 원리는 같지만, 중간에 혀와 입술 모양을 풀지 않고 끝까지 같은 상태를 유지하면서 '위'를 길게 발음합니다.

(나) 표기상의 약속

단운모만으로 독립된 음절을 구성할 경우, 'a', 'o', 'e'는 그대로 표기하고, 나머지 세 운모는 각각 다음과 같이 바꾸어 표기합니다.

$$i = yi \qquad u = wu \qquad ü = yu$$

(다) 발음 연습

* ①은 성모와 결합할 때, ②는 자신 이외에 다른 성모나 운모가 없을 때의 병음 표기입니다.

①	②	제1성	제2성	제3성	제4성
a	a	ā	á	ǎ	à
o	o	ō	ó	ǒ	ò
e	e	ē	é	ě	è
i	yi	ī (= yī)	í (= yí)	ǐ (= yǐ)	ì (= yì)
u	wu	ū (= wū)	ú (= wú)	ǔ (= wǔ)	ù (= wù)
ü	yu	ǖ (= yū)	ǘ (= yú)	ǚ (= yǔ)	ǜ (= yù)

5 21개의 성모

(가) 6가지 발음 분류

성모는 발음하기 편한 운모를 뒤에 붙여서 제1성으로 연습합니다. 특히 숨소리가 거의 나지 않는 '**무기음**(無氣音)'과 숨소리가 폭발적으로 터져 나오는 '**유기음**(有氣音)'이 분명하게 구분되도록 발음해야 합니다.

	무기음	유기음			
1) 순음	bo	po	mo	fo	
2) 설첨음	de	te	ne		le
3) 설근음	ge	ke		he	
4) 설면음	ji	qi		xi	
5) 권설음	zhi	chi		shi	ri
6) 설치음	zi	ci		si	

1) 순음

bo 위아래 입술을 붙였다 떼며 숨소리를 거의 내지 않고 '뽀'를 강하게 발음합니다.

po 발음 방법은 'bo'와 같지만, 숨소리가 폭발적으로 터져 나옵니다. '포'를 강하게 발음하는 느낌으로 소리를 냅니다.

mo 일반적인 'm'의 발음과 같습니다.

fo 윗니로 아랫입술을 살짝 스치며 영어의 'f'처럼 발음합니다.

2) 설첨음

de 혀끝을 아랫니에 살짝 대면 혀의 나머지 부위는 자연스럽게 윗잇몸과 윗니에 접촉하게 됩니다. 그 상태에서 숨소리를 거의 내지 않고 '뜨'와 '떠'의 중간 정도의 소리를 냅니다.

te 발음 방법은 'de'와 같지만, 숨소리가 폭발적으로 터져 나옵니다. '트'와 '터'의 중간 정도의 소리를 냅니다.

ne 일반적인 'n'의 발음과 같습니다.

le 일반적인 'l'의 발음과 같습니다.

3) 설근음

ge 혀를 아랫니와 잇몸 사이에 댄 채, 숨소리를 거의 내지 않고 'ㄲ'와 'ㄲ'의 중간 정도의 소리를 냅니다. 소리가 길어지면 'ㄲ어'처럼 들립니다.

ke 발음 방법은 'ge'와 같지만, 숨소리가 폭발적으로 터져 나옵니다. 'ㅋ'와 '커'의 중간 정도의 소리를 냅니다. 소리가 길어지면 '크어'처럼 들립니다.

he 일반적인 'h'보다는 거칠고 탁한 'ㅎ'에 가깝습니다. 소리가 길어지면 '흐어'처럼 들립니다.

4) 설면음

ji 혀의 앞쪽 면을 아랫니의 뒤에 살짝 댄 채, 입술을 좌우로 잡아당기는 느낌으로 숨소리를 거의 내지 않고 '찌'를 발음합니다.

qi 발음 방법은 'ji'와 같지만, 숨소리가 폭발적으로 터져 나옵니다. '치'를 강하게 발음하는 것처럼 소리를 냅니다.

xi 영어의 'x'와는 관련이 없다는 점에 주의해야 합니다. 발음 방법은 'ji, qi'와 같고, '씨'를 강하게 발음하면 됩니다.

5) 권설음

* 'zhi, chi, shi, ri'의 'i'는 일반적인 모음 'i'가 아니라 권설음을 발음할 때의 혀 모양에서만 낼 수 있는 특수한 모음[ʅ]입니다. 따라서 절대 '이'라고 발음하지 않도록 주의해야 합니다.

zhi 혀끝을 윗니에서 1cm 정도 떨어진 윗잇몸에 댑니다. 그 위치에서 자신의 혀로 입천장을 덮어준다는 느낌(혀를 뚜껑이라고 생각하세요)으로, 숨소리를 거의 내지 않고 발음합니다. 끝까지 혀를 움직이지 말아야 합니다.

chi 발음 방법은 'zhi'와 같지만, 숨소리가 폭발적으로 터져 나옵니다.

shi 발음 방법은 'zhi'와 같지만, 입천장과 혀의 양 옆으로 삐져나오는 숨소리가 많이 들린다는 점이 다릅니다.

ri 혀의 위치는 다른 권설음과 같지만, 혀끝을 살짝 굽힌다는 느낌으로 자신의 목청 쪽으로 향하게 하여 발음합니다.

6) 설치음

* 'zi, ci, si'의 'i'는 일반적인 'i'와 발음이 다릅니다. 따라서 절대 '이'라고 발음하지 않도록 주의해야 합니다.

zi   혀끝을 아랫니의 뒤에 댄 채, 입술을 좌우로 당긴다는 느낌으로 숨소리를 거의 내지 않고 '쯔'를 발음합니다.

ci   발음 방법은 'zi'와 같지만, 숨소리가 폭발적으로 터져 나옵니다. '츠'를 강하게 발음할 때 나오는 소리와 비슷합니다.

si   발음 방법은 'zi, ci'와 같지만, 숨소리가 아래윗니 사이로 삐져나옵니다. '쓰'를 강하게 발음할 때 나오는 소리와 비슷합니다.

(나) 세 종류의 '-i' 발음

병음 'i'는 권설음 'zhi, chi, shi, ri'와 설치음 'zi, ci, si'에서 성모의 영향으로 특수한 음가를 가지지만, 그 이외의 성모 뒤에서는 일반적인 '이'로 발음하면 됩니다. 권설음과 설치음 뒤의 'i'를 표기하기 위한 특별한 기호를 별도로 만들지 않은 이유는 하나의 'i'로 세 종류의 음가를 겸하게 하는 것이 더욱 편리하고 표기에 있어서도 효율적이기 때문입니다.

성모			병음 표기	'i'의 실제 음가(국제음성기호 발음 표기)
설면음	j q x	+ i (일반적인 'i')	ji qi xi	[i]
권설음	zh ch sh r	+ i (특수한 'i')	zhi chi shi ri	[ʅ]
설치음	z c s	+ i (특수한 'i')	zi ci si	[ɿ]

(다) 주의해야 할 병음 표기

'j, q, x'와 'ü'가 결합하면, 'ü' 위의 두 점은 생략합니다. 그러나 'n, l'와 결합하는 'ü'는 그대로 'ü'라고 쓰고, 성조는 두 점 위에 별도로 표기합니다.

성모		병음 표기	발음 연습
j	+ ü	ju	jū jú jǔ jù
q		qu	qū qú qǔ qù
x		xu	xū xú xǔ xù
n		nü	nǚ : nǜ
l		lü	lǚ : lǜ

6 복합운모

Track 01-04

(가) 이중모음

1) 전강후약 패턴

	강	약	발음 요령
ai	a	i	'a'는 강하게 발음하고 'i'는 약하게 덧붙입니다.
ao	a	o	'a'는 강하게 발음하고 'o'는 약하게 덧붙입니다.
ei	e	i	'e'는 강하게 발음하고 'i'는 약하게 덧붙입니다. 이때, 'e'는 단운모일 때와 달리 '에'처럼 발음해야 합니다.
ou	o	u	'o'는 강하게 발음하고 'u'는 약하게 덧붙입니다.

2) 전약후강 패턴

* ①은 성모와 결합할 때, ②는 성모가 없을 때의 병음 표기입니다.

	약	강	발음 요령	병음 표기 ①	병음 표기 ②
ia	i	a	'i'를 약하게 발음하다가 자연스럽게 'a'를 강조하는 느낌으로 두 모음을 이어서 소리를 냅니다. 절대로 '야'라고 하면 안 됩니다.	jiā	yā
ie	i	e	'i'를 약하게 발음하다가 자연스럽게 'e'를 강조하는 느낌으로 두 모음을 이어서 소리를 냅니다. 이때, 'e'는 단운모일 때와 달리 '에'처럼 발음해야 합니다. 절대로 '예'라고 하면 안 됩니다.	bié	yě

ua	u ɑ	'u'를 약하게 발음하다가 자연스럽게 'ɑ'를 강조하는 느낌으로 두 모음을 이어서 소리를 냅니다. 절대로 한국어의 '와'라고 하면 안 됩니다.	guà	wā
uo	u o	'u'를 약하게 발음하다가 자연스럽게 'o'를 강조하는 느낌으로 두 모음을 이어서 소리를 냅니다. 절대로 한국어의 '워'라고 하면 안 됩니다.	shuō	wǒ
üe	ü e	'ü'를 약하게 발음하다가 자연스럽게 'e'를 강조하는 느낌으로 두 모음을 이어서 소리를 냅니다. 이때, 'e'는 단운모일 때와 달리 '에'처럼 발음해야 합니다. 절대로 한국어의 '웨'라고 하면 안 됩니다.	lüè	yuè

3) 발음 연습

mǎi	gāi	bǎo	pǎo
hēi	bèi	fǒu	
xià	qià	jiē	tiě
huā	zhuā	cuò	tuō
xué	yuē		

(나) 삼중모음(약강약 패턴)

1) * ①은 성모와 결합할 때, ②는 성모가 없을 때의 병음 표기입니다.

	약 강 약	발음 요령	병음 표기 ①	병음 표기 ②
iao	i ɑ o	'i'는 약하게 'ɑ'는 강하게, 끝에 'o'를 덧붙이는 느낌으로 소리를 냅니다. 세 모음을 빠르게 이어서 발음해야 합니다.	piáo	yào
iou (iu)	i o u	'i'는 약하게 'o'는 강하게, 끝에 'u'를 덧붙이는 느낌으로 소리를 냅니다. 세 모음을 빠르게 이어서 발음해야 하지만, 성모가 있을 때는 'i'를 약하게 'u'를 좀 더 강하게 발음합니다.	jiǔ	yǒu
uai	u ɑ i	'u'는 약하게 'ɑ'는 강하게, 끝에 'i'를 덧붙이는 느낌으로 소리를 냅니다. 세 모음을 빠르게 이어서 발음해야 합니다.	kuài	wǎi
uei (ui)	u e i	'u'는 약하게 'e'는 강하게, 끝에 'i'를 덧붙이는 느낌으로 소리를 냅니다. 세 모음을 빠르게 이어서 발음해야 하지만, 성모가 있을 때는 'u'를 약하게 'i'를 좀 더 강하게 발음합니다. 이때, 'e'는 단운모일 때와 달리 '에'처럼 발음해야 합니다.	duì	wèi

2) 발음 연습

jiǎo	piào	qiú	jiù
wāi	shuāi	guì	huí

(다) 두 종류의 '모음 + 비음' 패턴: '모음 + n'과 '모음 + ng'

1) 성모가 없을 때는 괄호 속의 병음 표기를 사용합니다.

an	ang	en	eng	ong
ian (yan)	iang (yang)	in (yin)	ing (ying)	iong (yong)
uan (wan)	uang (wang)	uen (wen)	ueng (weng)	
ün (yun)		üan (yuan)		

2) 'ian(yan)'과 'üan(yuan)'의 'a'는 한국어의 '에'처럼 발음해야 합니다.

3) 'uen(wen)'과 'ueng(weng)'의 'e'는 한국어의 '어'처럼 발음해야 합니다,

4) 발음 연습

jiàn : jiàng	bīn : bīng	jiǒng : xióng
guān : guāng	zhuàn : zhuàng	wēn : wēng
jùn : juàn	qún : quán	xūn : xuān

7 '儿 ér'화 현상 & 성조 변화 현상

(가) '儿 ér'화 현상

'儿'이 독립적으로 소리 나지 않고, 앞 음절에 붙어서 음절 전체를 '권설음화'시키는 현상입니다. 발음할 때는 혀를 살짝 들어 올려서 혀끝이 목청을 향하도록 조금 굽혀 주면 됩니다. 접미사로 작용하기 때문에 표기는 실제 발음과는 상관없이 '앞 글자의 병음 + r'로 하며, 자주 보이는 '儿'화 현상은 다음과 같습니다.

	발음할 때의 주의	병음 표기	실제 발음
'-i' + er	i → 묵음화	kuàir	kuàr
'-n' + er	n → 묵음화	gēnr	gēr
'-ng' + er	모음 → 비음화 ng → 묵음화	kòngr	kòr[o→õ] 모음의 비음화
'-a' '-e' + er '-o'	뒤에 'r'음만 추가	huār gēr māor	huār gēr māor

(나) 제3성의 성조 변화 현상

1) 제3성 + 제3성 → 제2성 + 제3성

제3성의 뒤에 제3성이 이어지면 앞의 제3성은 제2성으로 바뀝니다. 다만, 성조 표기는 그대로 둡니다.

제3성 + 제3성(성조 표기)		제2성 + 제3성(실제 성조 발음)
nǐ + hǎo (你 + 好)	→	ní + hǎo (你 + 好)

2) 제3성 + 제1, 2, 4성 → 반3성 + 제1, 2, 4성

제3성의 뒤에 제1, 2, 4성이 이어지면 앞의 제3성은 반3성으로 바뀝니다.

	성조 표기		실제 성조 발음	
제3성 + 제1성	hǎo + hē (好喝)	→	ˇ + ─	반3성 + 제1성
제3성 + 제2성	hǎo + rén (好人)		ˇ + ╱	반3성 + 제2성
제3성 + 제4성	hǎo + kàn (好看)		ˇ + ╲	반3성 + 제4성

8 병음 표기 규칙

(가) 성조 표기 규칙

성조 기호는 기본적으로 모음 위에만 붙입니다.

모음의 개수	규칙	예
단모음	모음 위에 붙이면 됩니다.	tè, píng
이중모음	모음에 'i, u'가 있다면, 'i, u'를 피해서 붙입니다.	guā, zhǎi
	'i, u'가 없다면, 앞(前)에 붙입니다.	dào
	'iu'나 'ui'라면, 뒤(後)에 붙입니다.	diū, guì
삼중모음	중간(中)에 붙입니다.	diāo, kuài

(나) 일반적인 병음 표기 규칙

1) 병음의 대소문자 사용법은 기본적으로 영어의 표기 규칙을 따릅니다.

2) 나라 이름, 도시 이름, 땅 이름, 산맥, 하천, 사람의 성과 이름, 학교 이름 등의 첫 번째 병음은 대문자로 표기합니다.

Hánguó 韩国 한국   Měiguó 美国 미국

Shǒu'ěr 首尔 서울   Cháng Jiāng 长江 양자강

Sīmǎ Qiān 司马迁 사마천   Běijīng Dàxué 北京大学 베이징대학

3) 모음 'i' 위의 성조 부호는 점을 없애고 표기합니다.

píng, qī

(다) 격음 부호

'a, o, e'로 시작하는 발음의 글자를 앞 음절에 붙여서 써야 할 경우, 앞 음절과의 경계를 분명하게 표시하기 위해 음절과 음절 사이에 아포스트로피(')를 삽입하는데, 이를 **격음 부호**(隔音符号 géyīn fúhào)'라고 합니다.

kě'ài (可爱)   Tiān'ānmén (天安门)   pèi'ǒu (配偶)

nǚ'ér (女儿)   xīngqī'èr (星期二)

발음 워밍업

Track 01-07

1 숫자 읽기를 활용한 발음 워밍업

(가) 숫자 읽기 연습 * 1~10은 손숫자 표현도 함께 익혀 보세요.

yī 一 1	èr 二 2	sān 三 3	sì 四 4	wǔ 五 5

liù 六 6	qī 七 7	bā 八 8	jiǔ 九 9	shí 十 10

líng 零 0	bǎi 百 100	qiān 千 1,000	wàn 万 10,000

Track 01-08

(나) 두 자리 숫자 읽기 연습

shí'èr 十二 12	èrshísān 二十三 23	sānshíwǔ 三十五 35
sìshíjiǔ 四十九 49	wǔshíbā 五十八 58	liùshíqī 六十七 67
qīshí'èr 七十二 72	bāshísì 八十四 84	jiǔshíjiǔ 九十九 99

Track 01-09

2 가족 호칭을 활용한 경성 발음 워밍업

yéye 爷爷 할아버지	nǎinai 奶奶 할머니
bàba 爸爸 아빠	māma 妈妈 엄마
gēge 哥哥 형, 오빠	jiějie 姐姐 누나, 언니
dìdi 弟弟 남동생	mèimei 妹妹 여동생

한자 칼럼

간체자는 어떻게 만들어졌을까?(1)

간체자의 대부분은 복잡한 부수를 단순한 형태로 바꾼 것입니다. 한자의 부수는 대략 250여 종류가 있는데, 중국의 교육부가 그중에서도 사용 빈도가 높으면서 획수가 많은 40여 종류의 부수를 2~5번 정도만 손을 움직이면 쓸 수 있도록 단순화시켰습니다. 이렇게만 하더라도 생활에 필수적인 한자의 거의 절반 이상을 간단하게 바꿀 수 있었고, 그 결과 중국 사람들은 훨씬 능률적인 언어 생활을 영위할 수 있게 되었습니다.

아래는 자주 보이는 '부수'의 간략화 패턴과 해당 부수에 속하는 대표 한자입니다.

부수의 간략화		한자 예시	
원래 부수 모양 → 간략형		번체자 → 간체자	
貝 → 贝		貴 → 贵	
7획 　 4획		귀 　 guì	
言 → 讠		謝 → 谢	
7획 　 2획		사 　 xiè	
門 → 门		問 → 问	
8획 　 3획		문 　 wèn	
食 → 饣		飯 → 饭	
9획 　 3획		반 　 fàn	
韋 → 韦		韓 → 韩	
9획 　 4획		한 　 Hán	

중국어 음절 결합표

운모 성모	a	o	e	-i	er	ai	ei	ao	ou	an	en	ang	eng	ong	i	ia	iao	ie
b	ba	bo				bai	bei	bao		ban	ben	bang	beng		bi		biao	bie
p	pa	po				pai	pei	pao	pou	pan	pen	pang	peng		pi		piao	pie
m	ma	mo	me			mai	mei	mao	mou	man	men	mang	meng		mi		miao	mie
f	fa	fo					fei		fou	fan	fen	fang	feng					
d	da		de			dai	dei	dao	dou	dan	den	dang	deng	dong	di		diao	die
t	ta		te			tai		tao	tou	tan		tang	teng	tong	ti		tiao	tie
n	na		ne			nai	nei	nao	nou	nan	nen	nang	neng	nong	ni		niao	nie
l	la		le			lai	lei	lao	lou	lan		lang	leng	long	li	lia	liao	lie
z	za		ze	zi		zai	zei	zao	zou	zan	zen	zang	zeng	zong				
c	ca		ce	ci		cai		cao	cou	can	cen	cang	ceng	cong				
s	sa		se	si		sai		sao	sou	san	sen	sang	seng	song				
zh	zha		zhe	zhi		zhai	zhei	zhao	zhou	zhan	zhen	zhang	zheng	zhong				
ch	cha		che	chi		chai		chao	chou	chan	chen	chang	cheng	chong				
sh	sha		she	shi		shai	shei	shao	shou	shan	shen	shang	sheng					
r			re	ri				rao	rou	ran	ren	rang	reng	rong				
j															ji	jia	jiao	jie
q															qi	qia	qiao	qie
x															xi	xia	xiao	xie
g	ga		ge			gai	gei	gao	gou	gan	gen	gang	geng	gong				
k	ka		ke			kai	kei	kao	kou	kan	ken	kang	keng	kong				
h	ha		he			hai	hei	hao	hou	han	hen	hang	heng	hong				
단독 쓰임	a	o	e		er	ai	ei	ao	ou	an	en	ang	eng		yi	ya	yao	ye

iou(iu)	ian	in	iang	ing	iong	u	ua	uo	uai	uei(ui)	uan	uen(un)	uang	ueng	ü	üe	üan	ün
	bian	bin		bing		bu												
	pian	pin		ping		pu												
miu	mian	min		ming		mu												
						fu												
diu	dian			ding		du		duo		dui	duan	dun						
	tian			ting		tu		tuo		tui	tuan	tun						
niu	nian	nin	niang	ning		nu		nuo			nuan				nü	nüe		
liu	lian	lin	liang	ling		lu		luo			luan	lun			lü	lüe		
						zu		zuo		zui	zuan	zun						
						cu		cuo		cui	cuan	cun						
						su		suo		sui	suan	sun						
						zhu	zhua	zhuo	zhuai	zhui	zhuan	zhun	zhuang					
						chu	chua	chuo	chuai	chui	chuan	chun	chuang					
						shu	shua	shuo	shuai	shui	shuan	shun	shuang					
						ru	rua	ruo		rui	ruan	run						
jiu	jian	jin	jiang	jing	jiong										ju	jue	juan	jun
qiu	qian	qin	qiang	qing	qiong										qu	que	quan	qun
xiu	xian	xin	xiang	xing	xiong										xu	xue	xuan	xun
						gu	gua	guo	guai	gui	guan	gun	guang					
						ku	kua	kuo	kuai	kui	kuan	kun	kuang					
						hu	hua	huo	huai	hui	huan	hun	huang					
you	yan	yin	yang	ying	yong	wu	wa	wo	wai	wei	wan	wen	wang	weng	yu	yue	yuan	yun

*감탄사에 쓰이는 특수한 음절(ng, hng 등)은 생략하였습니다.

안녕하세요!

你好!

Nǐ hǎo!

학습 목표

형용사술어문과 동사술어문을 익혀서 만나고 헤어질 때의 기본 인사법과 감사 표현을 사용할 수 있도록 연습합니다.

어법 사항

- 인칭대명사
- 인사 표현
- 형용사술어문
- 생략을 표시하는 어기조사 '呢 ne'
- 동사술어문

Track 02-00

01 你最近好吗?

Nǐ zuìjìn hǎo ma?

요즘 잘 지내시나요?

02 你呢?

Nǐ ne?

당신은요?

03 请喝茶。

Qǐng hē chá.

차 드세요.

04 再见!

Zàijiàn!

안녕히 계세요!, 안녕히 가세요!

회화 ❶

회화A

| 陈一山 | 你好! ① |
| Chén Yīshān | Nǐ hǎo! |

| 刘子艺 | 你好! |
| Liú Zǐyì | Nǐ hǎo! |

Track 02-02

회화B

| 陈一山 | 你最近好吗? |
| Chén Yīshān | Nǐ zuìjìn hǎo ma? |

| 刘子艺 | 很好。 你呢? |
| Liú Zǐyì | Hěn hǎo. Nǐ ne? |

| 陈一山 | 我也很好。 |
| Chén Yīshān | Wǒ yě hěn hǎo. |

Check Check!!! ✏️

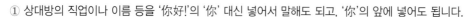

① 상대방의 직업이나 이름 등을 '你好!'의 '你' 대신 넣어서 말해도 되고, '你'의 앞에 넣어도 됩니다.

　예 老师好! Lǎoshī hǎo! 선생님, 안녕하세요!

　　一山, 你好! Yīshān, nǐ hǎo! 이산아, 안녕!

단어 ❶

☐	你	nǐ	団 너, 당신

     * 您   nín   団 당신['你'의 존칭]

☐	好	hǎo	형 좋다, 괜찮다
☐	最近	zuìjìn	명 요즘, 최근
☐	吗	ma	조 의문을 나타내는 조사
☐	很	hěn	부 매우
☐	呢	ne	조 의문을 나타내는 조사
☐	我	wǒ	団 나

     * 他   tā   団 그

     * 她   tā   団 그녀

☐	也	yě	부 ~도, 역시

고유명사

☐	陈一山	Chén Yīshān	천이산[인명]
☐	刘子艺	Liú Zǐyì	리우쯔이[인명]

확인 문제

회화❶을 잘 읽고, 다음 문장의 옳고 그름을 판단하세요.

1 刘子艺最近不好。   ○ ✕
  Liú Zǐyì zuìjìn bù hǎo.

2 陈一山最近很好。   ○ ✕
  Chén Yīshān zuìjìn hěn hǎo.

회화 ②

회화A

| 陈一山 | 请喝茶。 |
| Chén Yīshān | Qǐng hē chá. |

| 刘子艺 | 谢谢! |
| Liú Zǐyì | Xièxie! |

| 陈一山 | 不客气! |
| Chén Yīshān | Bú kèqi! |

회화B

| 陈一山 | 再见! |
| Chén Yīshān | Zàijiàn! |

| 刘子艺 | 再见! |
| Liú Zǐyì | Zàijiàn! |

단어 ②

Track 02-06

☐ 请　　qǐng　　동 상대방에게 무언가를 부탁하거나 권할 때 쓰는 말

☐ 喝　　hē　　동 마시다

☐ 茶　　chá　　명 차[음료]

　　* 咖啡 kāfēi 명 커피

　　* 水 shuǐ 명 물

　　* 可乐 kělè 명 콜라

☐ 谢谢　　xièxie　　동 감사하다

☐ 不　　bù　　부 아니다, (~하지) 않다

☐ 客气　　kèqi　　동 사양하다, 예의를 차리다

☐ 再见　　zàijiàn　　동 안녕, 잘 가[헤어질 때의 인사말]

　　* 再 zài 부 다시, 또

　　* 见 jiàn 동 만나다

확인 문제

회화 ②를 잘 읽고, B에 들어갈 말을 써 보세요.

A: 谢谢! Xièxie!

B: _____

어법

발음 '不 bù'의 성조 변화 현상

'不 bù'는 바로 뒤에 제4성이 올 때만 제2성 'bú'로 변화합니다.

	不 + 제4성	不 + 제1성	不 + 제2성	不 + 제3성
不 bù	不 客气 bú kèqi	不 喝 bù hē	不 回 bù huí	不 好 bù hǎo

1 인칭대명사

인칭대명사에서 존경형은 2인칭에만 있으며, 3인칭의 발음은 모두 'tā'입니다.

	일반형	존경형	여성	사람 외
1인칭	我 wǒ 나	×	×	×
2인칭	你 nǐ 너, 당신	您 nín 당신	×	×
3인칭	他 tā 그	×	她 tā 그녀	它 tā 그것

2 인사 표현

만남과 헤어짐의 표현으로, 하루 중 언제라도 사용할 수 있는 표현들입니다.

상황	나 → 상대방	상대방 → 나
친구를 만났을 때	你好! Nǐ hǎo!	你好! Nǐ hǎo!
초면 혹은 선배, 어른을 만났을 때	您好! Nín hǎo!	您好! Nín hǎo! 你好! Nǐ hǎo!
상대방의 구체적인 상황이 궁금할 때	你好吗? Nǐ hǎo ma?	我很好。 Wǒ hěn hǎo.
헤어질 때	再见! Zàijiàn!	再见! Zàijiàn!

아래 빈칸을 채워 대화를 완성해 보세요.

(1) 선생님: 你好! Nǐ hǎo!　　　　학생: _____

(2) 학생: 再见! Zàijiàn!　　　　선생님: _____

3 형용사술어문

형용사가 서술어로 쓰인 문장을 형용사술어문이라고 합니다.

㉮ 긍정문: 형용사 앞에 부사 '很'이 있어야 완전한 문장이 됩니다.
㉯ 부정문: 형용사 앞에 '不'를 붙입니다.
㉰ 의문문: 문장 끝에 '吗'를 붙입니다.

	주어	부사어	서술어 (형용사)	
긍정문	我 Wǒ 나	很 hěn (마침 신호)	好。 hǎo. 좋다	나는 좋아요. (괜찮다)
	주어	부정사	서술어	
부정문	我 Wǒ 나	不 bù 아니다	好。 hǎo. 좋다	나는 안 좋아요. (안 괜찮다)
	주어		서술어	의문조사
吗 의문문	你 Nǐ 너		好 hǎo 좋다	吗? ma? ~까?	당신은 좋습니까? (괜찮아요?)

[ ] 안의 지시대로 빈칸을 채워 대화를 완성해 보세요.

A: 他好吗? Tā hǎo ma?

B: [긍정문] _____ / [부정문] _____

---

4 생략을 표시하는 어기조사 '呢 ne'

이미 등장한 질문의 중복 부분을 생략한 채 상대에게 되묻는 문형으로, '주어 + 呢?' 형태로 쓰입니다.

A: 你喝咖啡吗? 당신은 커피를 마셔요?
　　Nǐ hē kāfēi ma?

B: 我喝。你呢? 저는 마셔요. 당신은요?
　　Wǒ hē. Nǐ ne?

5 동사술어문

동사가 서술어로 쓰인 문장을 동사술어문이라고 합니다.

㉮ 긍정문: 동사술어문의 어순은 '주어 + 동사(서술어) + 목적어'입니다.

㉯ 부정문: 동사 앞에 '不'를 붙입니다.

㉰ 의문문: 문장 끝에 '吗'를 붙입니다.

긍정문	**주어** 我 Wǒ 나		**서술어** (동사) 喝 hē 마시다	**목적어** 茶。 chá. 차		나는 차를 마셔요.
부정문	**주어** 我 Wǒ 나	**부정사** 不 bù ~지 않다	**서술어** 喝 hē 마시다	**목적어** 茶。 chá. 차		나는 차를 마시지 않아요.
吗 의문문	**주어** 你 Nǐ 너		**서술어** 喝 hē 마시다	**목적어** 茶 chá 차	**의문조사** 吗? ma? ~까?	당신은 차를 마십니까?

[ ] 안의 지시대로 빈칸을 채워 대화를 완성해 보세요.

A: 你喝茶吗? Nǐ hē chá ma?

B: [긍정문] _____

A: 你爸爸呢? Nǐ bàba ne?

B: [부정문] _____

단어 爸爸 bàba 몡 아빠

바꾸어 말하기

1 你 好!

您 nín
爷爷 yéye
奶奶 nǎinai

2 你 最近好吗?

您 nín
你爸爸 nǐ bàba
你妈妈 nǐ māma

3 请喝 茶 。

咖啡 kāfēi
水 shuǐ
可乐 kělè

보충 단어

爷爷 yéye 몡 할아버지 | 奶奶 nǎinai 몡 할머니 | 妈妈 māma 몡 엄마

발음의 달인

Track 02-08

▶ 2음절 성조 읽기 연습

jìjié	xūyào	shǒutào
guīhuà	yǎnjìng	fāngxiàng
qiàhǎo	céngjīng	yánsù
sēnlín	yīngxióng	jiātíng

Track 02-09

▶ 음료 이름으로 발음 연습

kāfēi
咖啡 커피

hóngchá
红茶 홍차

nǎichá
奶茶 밀크티

niúnǎi
牛奶 우유

suānnǎi
酸奶 요구르트

guǒzhī
果汁 주스

kělè
可乐 콜라

qìshuǐ
汽水 사이다

듣기의 달인

Track 02-10

1 녹음을 듣고 들리는 숫자를 쓰세요.

(1) _____ (2) _____ (3) _____ (4) _____

Track 02-11

2 녹음을 듣고 각 병음의 성조를 바르게 표기하세요.

(1) nin   (2) jie   (3) sheng   (4) han

Track 02-12

3 녹음을 듣고 내용과 관계있는 사진을 고르세요.

(1) ❶   ❷

(2) ❶   ❷

Track 02-13

▶ 다음 두 사람의 대화를 완성하세요.

(1)

A 再见!
  Zàijiàn!

B _____

(2)

A 请喝茶!
  Qǐng hē chá!

B _____

A 不客气!
  Bú kèqi!

(3)

A 爸爸，您最近好吗?
  Bàba, nín zuìjìn hǎo ma?

B _____

한자 칼럼

간체자는 어떻게 만들어졌을까?(2)

여기 두 개의 한자가 있습니다. 둘은 서로 발음이 완전히 같거나 비슷합니다. 그런데 한자 'A'는 획수가 적지만 사용 빈도가 낮고, 'B'는 획수가 많지만 사용 빈도는 훨씬 높습니다. 만약 'B'를 간략화시켜서 새로운 간체자 'C'를 만들고 싶을 때, 기존의 한자 'A'를 활용한다면 사람들이 기억하기도 쉽고 쓸 때도 편리하겠죠?

이러한 패턴의 대표적인 예는 다음과 같습니다.

A(획수 少)	B(획수 多)	→	C(간체자)	'A'와 'B'의 관계
后 hòu	後 hòu	→	后 hòu	발음, 성조 모두 동일
乙 yǐ	億 yì	→	亿 yì	발음은 동일, 성조는 다름 (意→乙)
	憶 yì	→	忆 yì	
人 rén	認 rèn	→	认 rèn	발음은 동일, 성조는 다름 (忍→人)
井 jǐng	進 jìn	→	进 jìn	발음은 비슷, 성조는 다름 (隹→井)
元 yuán	圓 yuán	→	元 yuán	발음, 성조 모두 동일
	遠 yuǎn	→	远 yuǎn	발음은 동일, 성조는 다름 (袁→元)

이름이 뭐예요?

你叫什么名字?

Nǐ jiào shénme míngzi?

학습 목표

이름과 국적을 묻고 답하는 방법을 익히고, 그 과정에서 의문사 의문문과 판단동사 '是'의 기본 패턴을 학습합니다.

어법 사항

- 의문사 '什么 shénme' 의문문
- 이름 묻고 답하기와 존경의 접두사 '贵 guì'
- 국적 묻고 답하기
- 동사 '是 shì'

05 你叫什么名字?

Nǐ jiào shénme míngzi?

당신은 이름이 뭐예요?

06 您贵姓?

Nín guìxìng?

당신은 성이 어떻게 되세요?

07 你是哪国人?

Nǐ shì nǎ guó rén?

당신은 어느 나라 사람이에요?

08 我是韩国人。

Wǒ shì Hánguórén.

저는 한국 사람이에요.

金志龙   老师，您好!
Jīn Zhìlóng   Lǎoshī, nín hǎo!

王老师   你叫什么名字?
Wáng lǎoshī   Nǐ jiào shénme míngzi?

金志龙   我叫金志龙。   老师，您贵姓?
Jīn Zhìlóng   Wǒ jiào Jīn Zhìlóng. Lǎoshī, nín guìxìng?

王老师   我姓王。①
Wáng lǎoshī   Wǒ xìng Wáng.

 **Check Check!!!** ✏️

① 다른 사람을 호칭할 때, 자신보다 나이가 어린 사람의 '성' 앞에는 '小 xiǎo'를, 나이가 많은 사람의 '성' 앞에는 '老 lǎo'를 붙여서 상대방에 대한 '친근감'을 표시합니다.
예 小金 Xiǎo Jīn 김 군   老王 Lǎo Wáng 왕 선배

단어 ①

☐	老师	lǎoshī	몡 선생님
☐	叫	jiào	통 ~라고 부르다
☐	什么	shénme	때 무엇, 무슨
☐	名字	míngzi	몡 이름
☐	贵	guì	접두 존경의 뜻을 나타내는 접두사
☐	姓	xìng	통 성이 ~이다

고유명사

☐	金志龙	Jīn Zhìlóng	김지용[인명]
☐	王	Wáng	왕[성씨]

확인 문제

회화❶을 잘 읽고, 다음 문장의 옳고 그름을 판단하세요.

1 志龙姓金。 ○ ×
  Zhìlóng xìng Jīn.

2 老师姓王。 ○ ×
  Lǎoshī xìng Wáng.

Track 03-03

王老师	你是哪国人?
Wáng lǎoshī	Nǐ shì nǎ guó rén?

金志龙	我是韩国人。
Jīn Zhìlóng	Wǒ shì Hánguórén.

王老师	认识你,很高兴。
Wáng lǎoshī	Rènshi nǐ, hěn gāoxìng.

金志龙	认识您,我也很高兴。
Jīn Zhìlóng	Rènshi nín, wǒ yě hěn gāoxìng.

☐	是	shì	동 (~은/는) ~이다
☐	哪	nǎ	대 어느
☐	国	guó	명 나라
☐	人	rén	명 사람
☐	认识	rènshi	동 알다, 인식하다
☐	高兴	gāoxìng	형 기쁘다, 즐겁다

고유명사

☐	韩国	Hánguó	한국[국명]
	* 中国	Zhōngguó	중국[국명]
	* 日本	Rìběn	일본[국명]

확인 문제

회화②를 잘 읽고, 다음 문장의 옳고 그름을 판단하세요.

1 金志龙是中国人。　○ ×

Jīn Zhìlóng shì Zhōngguórén.

2 认识王老师，金志龙很高兴。　○ ×

Rènshi Wáng lǎoshī, Jīn Zhìlóng hěn gāoxìng.

어법

1 의문사 '什么 shénme' 의문문

단독으로는 '무엇', 명사의 앞(什么+명사)에서는 '무슨, 어떤'이라는 뜻을 나타냅니다. 의문사 의문문에는 '吗'를 붙이지 않습니다.

㉮ 단독: 무엇

他姓什么? 그는 성이 뭐예요?
Tā xìng shénme?

㉯ 什么 + 명사: 무슨, 어떤

你叫什么名字? 당신은 무슨 이름으로 불리나요?(당신은 이름이 무엇입니까?)
Nǐ jiào shénme míngzi?

2 이름 묻고 답하기와 존경의 접두사 '贵 guì'

㉮ 이름 묻고 답하기

상대방	묻기	답하기	상태
또래, 연하, 어린이 등	你叫什么名字? Nǐ jiào shénme míngzi? 당신은 이름이 뭐예요?	我叫金志龙。 Wǒ jiào Jīn Zhìlóng. 나는 김지용이라고 해요.	일반
	他姓什么? Tā xìng shénme? 그는 성이 뭐예요?	他姓金。 Tā xìng Jīn. 그는 김씨예요.	일반
윗사람, 초면 등	您贵姓? Nín guìxìng? 성(함)이 어떻게 되세요?	我姓王，叫王文英。 Wǒ xìng Wáng, jiào Wáng Wényīng. 저는 성이 왕이고, 왕문영이라고 해요.	친절 (공손)

㉯ 존경의 접두사 '贵': 명사나 동사의 앞에서 존경의 뜻을 나타냅니다.

1) **贵 + 동사:** 贵姓 guìxìng 성(함)이 어떻게 되세요?

2) **贵 + 명사:** 贵国 guìguó 귀국, 贵宾 guìbīn 귀빈

식당에서 예약을 원하는 손님과 집에 놀러 온 동생 친구에게 각각 이름을 물어보려고 합니다. 보기 에서 알맞은 질문을 골라 쓰세요.

보기 ① 你叫什么名字? Nǐ jiào shénme míngzi?　② 您贵姓? Nín guìxìng?

(1) 식당 고객에게 : _____

(2) 동생 친구에게 : _____

3 국적 묻고 답하기

선택의문사 '哪(어느 nǎ)'를 활용하여 국적을 묻는 의문문을 만들 수 있습니다.

㉠ **국적 묻기:** 哪(어느 nǎ) + 国(나라 guó) + 人(사람 rén)
㉡ **국적 답하기:** 국명 + 人(사람 rén)

A: 你是哪国人?　당신은 어느 나라 사람이에요?
　 Nǐ shì nǎ guó rén?

B: 我是韩国人。　저는 한국 사람이에요.
　 Wǒ shì Hánguórén.

4 동사 '是 shì'

'(주어)는 (목적어)이다'라는 판단을 나타냅니다.

㉠ **긍정문과 부정문:** 판단동사 '是'는 일반 동사와 마찬가지로 앞에 '不'를 붙여서 부정합니다.

	주어		서술어 (동사 是)	목적어	
긍정문	我 Wǒ 나		是 shì 이다	韩国人。 Hánguórén. 한국 사람	나는 한국 사람이에요.
	주어	부정사	서술어	목적어	
부정문	我 Wǒ 나	不 bú 아니다	是 shì 이다	韩国人。 Hánguórén. 한국 사람	나는 한국 사람이 아니에요.

④ 의문문: 의문을 표시하는 성분은 하나만 있으면 됩니다.

	주어	서술어 (동사 是)	목적어 (의문사)		
의문사 의문문	你 Nǐ 너	是 shì 이다	哪国人? nǎ guó rén? 어느 나라 사람		당신은 어느 나라 사람입니까?

	주어	서술어	목적어	의문조사	
吗 의문문	你 Nǐ 너	是 shì 이다	韩国人 Hánguórén 한국 사람	吗? ma? ~까?	당신은 한국 사람 입니까?

B의 대답이 나오도록 A에 알맞은 질문을 넣어서 대화를 완성해 보세요.

(1) A: _____

   B: 我是中国人。Wǒ shì Zhōngguórén.

(2) A: _____

   B: 我不是老师。Wǒ bú shì lǎoshī.

바꾸어 말하기

1 你 叫什么名字?

他 tā
他爸爸 tā bàba
她妈妈 tā māma

2 你 是哪国人?

您 nín
金先生 Jīn xiānsheng
金小姐 Jīn xiǎojiě

3 我是 韩国人 。

中国人 Zhōngguórén
日本人 Rìběnrén
美国人 Měiguórén

 보충 단어

先生 xiānsheng 뗑 선생, 미스터[성인 남성에 대한 호칭] ㅣ 小姐 xiǎojiě 뗑 아가씨, 미스[젊은 여성에 대한 호칭] ㅣ 美国人 Měiguórén 뗑 미국 사람

발음의 달인

Track 03-06

▶ 2음절 성조 읽기 연습

bǎobèi	bābǎi	běibian
dádào	děngdài	dìdiǎn
gǎigé	guǎnggào	gōnggòng
pīnpán	pípá	pīpíng

Track 03-07

▶ 나라 이름으로 발음 연습

Měiguó
美国 미국

Yīngguó
英国 영국

Tàiguó
泰国 태국

Yìndù
印度 인도

Rìběn
日本 일본

Yuènán
越南 베트남

Déguó
德国 독일

Fǎguó
法国 프랑스

듣기의 달인

Track 03-08

1 녹음을 듣고 들리는 숫자를 쓰세요.

(1) _____ (2) _____ (3) _____ (4) _____

Track 03-09

2 녹음을 듣고 각 병음의 성조를 바르게 표기하세요.

(1) hao (2) xie (3) zui (4) mang

Track 03-10

3 녹음을 듣고 내용과 관계있는 사진을 고르세요.

(1) ❶  ❷

(2) ❶  ❷

회화의 달인

Track 03-11

▶ 2인 1조가 되어 아래 인물 중 한 명을 선택한 다음, 대화를 완성해 보세요.

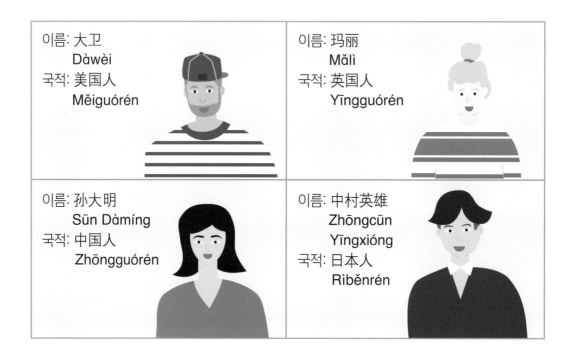

이름: 大卫
　　　 Dàwèi
국적: 美国人
　　　 Měiguórén

이름: 玛丽
　　　 Mǎlì
국적: 英国人
　　　 Yīngguórén

이름: 孙大明
　　　 Sūn Dàmíng
국적: 中国人
　　　 Zhōngguórén

이름: 中村英雄
　　　 Zhōngcūn
　　　 Yīngxióng
국적: 日本人
　　　 Rìběnrén

대화

A 你叫什么名字?
　 Nǐ jiào shénme míngzi?

B _____

A 你是哪国人?
　 Nǐ shì nǎ guó rén?

B _____

A 认识你，很高兴。
　 Rènshi nǐ, hěn gāoxìng.

B _____

한자 칼럼

간체자는 어떻게 만들어졌을까?(3)

'간체자' 중에는 '어! 이것도 간체자였어?'라는 느낌의 '간체자'도 있습니다. 모양이 기존 한자(번체자)와 아주 살짝 다를 뿐이라서 얼핏 보면 똑같다고 착각하기 쉽기 때문이죠. 그렇지만 '좀 더 적은 노력으로 좀 더 빨리 쓸 수 있어야 한다'라는 간체자 제작의 대원칙에 비추어 본다면, 원칙을 충실하게 반영하고 있는 간체자임에는 틀림없습니다.

아래의 번체자와 간체자를 노트에 한 번씩 써 보세요. 어느 쪽이 좀 더 편하고 빠르게 쓸 수 있는지 느낄 수 있을 겁니다.

A(번체자) →	B(간체자)	'B'의 특징
天 천	天 tiān	첫 번째 획이 두 번째 획보다 짧습니다.
羽 우	羽 yǔ	날개 속 획의 방향이 서로 반대입니다.
益 익	益 yì	첫 번째와 두 번째 획이 모두 중심을 향하고 있습니다.
半 반	半 bàn	첫 번째와 두 번째 획이 서로 반대 방향입니다.

이 사람은 누구예요?

这个人是谁?

Zhège rén shì shéi?

학습 목표

장소를 묻는 방법과 사람이나 사물을 셀 때의 규칙 및 지시대명사의 패턴을 익힙니다. 이를 통하여 중국 사람들이 사물을 어떻게 인식하는지 이해할 수 있습니다.

어법 사항

- 지시대명사와 장소 표시
- 조사 '的 de'
- 동사 '在 zài'
- 의문사 '谁 shéi' 의문문
- 수사와 양사

09 你在哪儿?
Nǐ zài nǎr?
당신은 어디에 있나요?

10 这个人是谁?
Zhège rén shì shéi?
이 사람은 누구예요?

11 你姐姐像你妈妈。
Nǐ jiějie xiàng nǐ māma.
당신의 언니(누나)는 엄마를 닮았네요.

Track 04-01

陈一山
Chén Yīshān
这是你家的全家福吗？
Zhè shì nǐ jiā de quánjiāfú ma?

朴敏英
Piáo Mǐnyīng
对。这是我爸爸，这是我妈妈。
Duì. Zhè shì wǒ bàba, zhè shì wǒ māma.

陈一山
Chén Yīshān
你在哪儿？
Nǐ zài nǎr?

朴敏英
Piáo Mǐnyīng
我在这儿。
Wǒ zài zhèr.

Track 04-02

☐	这	zhè	때 이, 이것

* 那 nà 때 그, 그것, 저, 저것

☐	家	jiā	명 집
☐	的	de	조 ~의
☐	全家福	quánjiāfú	명 가족사진
☐	对	duì	형 맞다
☐	在	zài	동 ~에 있다
☐	哪儿	nǎr	때 어디(= 哪里 nǎli)
☐	这儿	zhèr	때 여기(= 这里 zhèli)

* 那儿 nàr 때 거기, 저기(= 那里 nàli)

확인 문제

회화①을 잘 읽고, 다음 문장의 옳고 그름을 판단하세요.

1 这是朴敏英家的全家福。　○ ✕

Zhè shì Piáo Mǐnyīng jiā de quánjiāfú.

2 这不是陈一山家的全家福。　○ ✕

Zhè bú shì Chén Yīshān jiā de quánjiāfú.

회화 ❷

Track 04-03

陈一山	这个① 人是谁?
Chén Yīshān	Zhège rén shì shéi?

朴敏英	她是我姐姐。
Piáo Mǐnyīng	Tā shì wǒ jiějie.

陈一山	你姐姐像你妈妈。
Chén Yīshān	Nǐ jiějie xiàng nǐ māma.

朴敏英	对。我像我爸爸，我姐姐像我妈妈。
Piáo Mǐnyīng	Duì. Wǒ xiàng wǒ bàba, wǒ jiějie xiàng wǒ māma.

Check Check!!!

① '个 gè'는 원래 제4성이지만, 지시대명사나 수사와 함께 양사로 쓰일 때는 경성 'ge'로 발음합니다.

단어 ❷

- ☐ 个　　　　gè　　　　　양 개, 명[물건이나 사람을 세는 단위]
  - * 位　wèi　양 분[사람을 높여서 세는 단위]
  - * 两　liǎng　수 둘

- ☐ 谁　　　　shéi　　　　대 누구

- ☐ 姐姐　　　jiějie　　　　명 누나, 언니
  - * 哥哥　gēge　명 형, 오빠
  - * 弟弟　dìdi　명 남동생
  - * 妹妹　mèimei　명 여동생

- ☐ 像　　　　xiàng　　　　동 닮다

확인 문제

회화 ❷를 잘 읽고, 다음 문장의 옳고 그름을 판단하세요.

1 朴敏英不像她爸爸。　○ ×

Piáo Mǐnyīng bú xiàng tā bàba.

2 朴敏英的姐姐像她妈妈。　○ ×

Piáo Mǐnyīng de jiějie xiàng tā māma.

어법

1 지시대명사와 장소 표시

중국어의 지시대명사는 '가까운 것'과 '가깝지 않은 것'만 가리킵니다.

	가까운 것(이)	가깝지 않은 것(그, 저)	의문
지시	这 zhè 이(것)	那 nà 그(것), 저(것)	哪 nǎ 어느
장소	这儿 zhèr 여기 这里 zhèli	那儿 nàr 거기, 저기 那里 nàli	哪儿 nǎr 어디 哪里 nǎli

2 조사 '的 de'

㉮ 수식어 + 的 + 명사: 수식어와 명사가 서로 소유 관계에 있음을 표시합니다.

她的名字 그녀의 이름
tā de míngzi

老师的全家福 선생님의 가족사진
lǎoshī de quánjiāfú

㉯ '的'의 생략: 가족, 지인, 소속 단체 등을 나타낼 때는 的를 생략할 수 있습니다.

我爸爸 우리 아빠
wǒ bàba

我朋友 내 친구
wǒ péngyou

단어 朋友 péngyou 몡 친구

3 동사 '在 zài'

동사 '在'는 '~에 있다'라는 의미로, '(주어) + 在 + (장소)' 형태로 쓰여 '(주어)가 (장소)에 있다'를 나타냅니다.(개사 在는 145쪽 참조)

㉮ 긍정문과 부정문

	주어		서술어 (동사 在)	목적어 (장소)	
긍정문	她 Tā 그녀		在 zài ~에 있다	家。 jiā. 집	그녀는 집에 있어요.
	주어	부정사	서술어	목적어	
부정문	她 Tā 그녀	不 bú ~지 않다	在 zài ~에 있다	家。 jiā. 집	그녀는 집에 없어요.

④ 의문문

	주어	서술어	목적어			
의문사 의문문		(동사 在)	(장소의문사)			그녀는 어디에 있습니까?
	她 Tā 그녀	在 zài ~에 있다	哪儿? nǎr? 어디			

	주어	서술어	목적어	의문조사		
吗 의문문		(동사 在)	(장소)			그녀는 집에 있습니까?
	她 Tā 그녀	在 zài ~에 있다	家 jiā 집	吗? ma? ~까?		

B의 대답이 나오도록 A에 알맞은 질문을 넣어서 대화를 완성해 보세요.

(1) A: _____

    B: 他在这儿。 Tā zài zhèr.

(2) A: _____

    B: 我爸爸不在家。 Wǒ bàba bú zài jiā.

---

4 의문사 '谁 shéi' 의문문

'谁'는 '누구'인지 묻는 의문사로, '谁'로 질문하면 이름, 인칭대명사, 호칭 등으로 대답해야 합니다.

A: 他是谁? 그는 누구입니까?
    Tā shì shéi?

B: 他是我爸爸。 그는 우리 아빠예요.
    Tā shì wǒ bàba.

5 수사와 양사

숫자를 '수사', 사물을 세는 단위를 '양사'라고 합니다. 물질명사는 대부분 그 모양, 특징에 어울리는 자신만의 양사를 가지고 있습니다.

㉮ '두 개, 두 명'을 표현할 때, 양사 앞의 '2'는 '两'으로 표현합니다.
㉯ 양사 앞의 숫자 '一'는 종종 생략됩니다.
㉰ '人'과 같이 일반적인 사람은 '个'로, 자신보다 나이가 많은 사람, 어른, 손님, 선생님 등은 '位'로 헤아립니다.

어순:

지시대명사	+	수사	+	양사	+	명사	
这 zhè		(一 yí)		个 ge		人 rén	이 (한) 사람
(那 nà)		两 liǎng		位 wèi		老师 lǎoshī	(저) 두 분의 선생님
(这 zhè)		三 sān		本 běn		书 shū	(이) 세 권의 책
(那 nà)		四 sì		杯 bēi		水 shuǐ	(저) 네 컵의 물

B의 대답이 나오도록 A에 알맞은 질문을 넣어서 대화를 완성해 보세요.

(1) A: _____

　　B: 那个人是他哥哥。 Nàge rén shì tā gēge.

(2) A: _____

　　B: 那位先生是他爸爸。 Nà wèi xiānsheng shì tā bàba.

단어 本 běn 양 권[책 따위를 세는 단위] | 书 shū 명 책 | 杯 bēi 양 잔, 컵[잔에 담긴 액체를 세는 단위]

1 我在 这儿 。

> 家 jiā
> 我姐姐家 wǒ jiějie jiā
> 图书馆 túshūguǎn

2 这是 你家的全家福 吗?

> 你的牛奶 nǐ de niúnǎi
> 你哥哥的茶 nǐ gēge de chá
> 你姐姐的可乐 nǐ jiějie de kělè

3 我像 我爸爸 。

> 我爷爷 wǒ yéye
> 我奶奶 wǒ nǎinai
> 我哥哥 wǒ gēge

보충 단어

图书馆 túshūguǎn 圆 도서관 | 牛奶 niúnǎi 圆 우유

발음의 달인

Track 04-06

▶ '儿'화 연습하기

zhèr	nàr	gèr
xiǎoháir	yíkuàir	yíhuìr
chàdiǎnr	hǎowánr	yìdiǎnr
dàhuǒr	hǎohāor	wányìr

Track 04-07

▶ 가족 호칭으로 발음 연습

친가

yéye	nǎinai
爷爷 할아버지	奶奶 할머니
bófù	bómǔ
伯父 큰아버지	伯母 큰어머니
shūshu	shěnshen
叔叔 작은아버지	婶婶 작은어머니
gūfu	gūgu
姑父 고모부	姑姑 고모

외가

lǎoye	lǎolao
姥爷 외할아버지	姥姥 외할머니
jiùjiu	jiùmā
舅舅 외삼촌	舅妈 외숙모
yífu	yímā
姨父 이모부	姨妈 이모

듣기의 달인

Track 04-08

1 녹음을 듣고 들리는 숫자를 쓰세요.

(1) _____ (2) _____ (3) _____ (4) _____

Track 04-09

2 녹음을 듣고 각 병음의 성조를 바르게 표기하세요.

(1) sun   (2) huo   (3) dian   (4) yin

Track 04-10

3 녹음을 듣고 내용과 관계있는 사진을 고르세요.

(1) ❶    ❷

(2) ❶    ❷

회화의 달인

Track 04-11

▶ 아래 '大卫 Dàwèi'와 '玛丽 Mǎlì'의 가족사진을 바탕으로, 2인 1조가 되어 서로 역할을 바꾸어 가며 주어진 대화를 완성해 보세요.

대화 ①

玛丽 这是你家的全家福吗?
Zhè shì nǐ jiā de quánjiāfú ma?

大卫 _____

玛丽 你在哪儿?
Nǐ zài nǎr?

大卫 _____

玛丽 你像谁?
Nǐ xiàng shéi?

大卫 _____

대화 ②

大卫 这是你家的全家福吗?
Zhè shì nǐ jiā de quánjiāfú ma?

玛丽 _____

大卫 你在哪儿?
Nǐ zài nǎr?

玛丽 _____

大卫 你像谁?
Nǐ xiàng shéi?

玛丽 _____

한자 칼럼

간체자는 어떻게 만들어졌을까?(4)

볼펜, 만년필, 연필 등의 편리한 필기도구가 없던 시절, 중국 사람들은 벼루에 간 먹물을 붓으로 찍어서 화선지에 선생님의 말씀을 받아 적어야 했었습니다. 훈장님이 빨리 말씀하시면 당연히 필기 속도도 스피드 업해야만 했겠죠? 그렇지만 제아무리 붓을 빨리 놀리는 재주가 있더라도 획수가 많은 한자들을 일일이 정확하게 받아 적다 보면 훈장님의 말씀을 놓치는 일도 종종 생기게 마련입니다. 그래서 청대 이전에도 많은 사람들이 획수가 복잡한 한자를 빨리 필기할 수 있도록 단순화시킨 '속자(俗字)'라는 걸 현실 생활에서 사용했었습니다.

그러한 속자들은 새삼스럽게 가르치지 않더라도 중국 사람이라면 누구나 알고 있을 정도로 익숙한 한자들이어서 간체자를 제작할 때 당연히 그중 일부를 활용하게 되었습니다.

속자 중에서 간체자로 채택된 대표적인 예는 다음과 같습니다.

번체자	→	간체자(속자)
豐 풍	→	丰 fēng
衆 중	→	众 zhòng
聽 청	→	听 tīng
壽 수	→	寿 shòu

당신 집은 몇 식구인가요?

你家有几口人?

Nǐ jiā yǒu jǐ kǒu rén?

학습 목표

존재문의 문형과 적은 숫자를 묻는 방법에 대한 학습을 통해 가족 소개와 관련된 다양한 표현을 익힙니다.

어법 사항

- 동사 '有 yǒu'(1)
- 의문사 '几 jǐ' 의문문
- 부사 '都 dōu'
- 이중목적어를 가지는 동사 '教 jiāo'

12 你家有几口人?

Nǐ jiā yǒu jǐ kǒu rén?

당신 집은 몇 식구인가요?

13 你家都有什么人?

Nǐ jiā dōu yǒu shénme rén?

당신 집은 모두 어떤 사람들이 있나요?

14 你爸爸做什么工作?

Nǐ bàba zuò shénme gōngzuò?

당신 아버지는 무슨 일을 하세요?

15 他教学生英语。

Tā jiāo xuésheng Yīngyǔ.

그는 학생에게 영어를 가르치세요.

刘子艺
Liú Zǐyì
你家有几口人?
Nǐ jiā yǒu jǐ kǒu rén?

金志龙
Jīn Zhìlóng
四口人。不,有五口人。
Sì kǒu rén. Bù, yǒu wǔ kǒu rén.

刘子艺
Liú Zǐyì
都有什么人?
Dōu yǒu shénme rén?

金志龙
Jīn Zhìlóng
奶奶、爸爸、妈妈和我,还有一只小狗。①
Nǎinai、bàba、 māma hé wǒ, hái yǒu yì zhī xiǎogǒu.

Check Check!!! 🖉

① 중국어는 여러 개의 성분을 나열할 때, 'A、B、C'와 같이 중간에 모점[、]을 사용하고, 나열하는 마지막 성분의 앞에 '和'를 써 줍니다. 참고로 마침표는 고리점[。]을 사용합니다.

☐ 有　　　yǒu　　　[동] 있다

　　* 没有 méiyǒu [동] 없다

☐ 几　　　jǐ　　　[대] 몇

☐ 口　　　kǒu　　　[양] 식구[한집에 사는 식구 수를 세는 단위]

☐ 都　　　dōu　　　[부] 모두

☐ 和　　　hé　　　[접][개] ~와/과

☐ 还　　　hái　　　[부] 또, 더

☐ 只　　　zhī　　　[양] 마리[작은 동물 등을 세는 단위]

☐ 小狗　　xiǎogǒu　　[명] 강아지

확인 문제

회화①을 잘 읽고, 다음 문장의 옳고 그름을 판단하세요.

1 金志龙家有四口人。　　○ ×

　Jīn Zhìlóng jiā yǒu sì kǒu rén.

2 金志龙家没有小狗。　　○ ×

　Jīn Zhìlóng jiā méiyǒu xiǎogǒu.

刘子艺 **你爸爸做什么工作?**
Liú Zǐyì Nǐ bàba zuò shénme gōngzuò?

金志龙 **我爸爸是厨师。 你爸爸呢?**
Jīn Zhìlóng Wǒ bàba shì chúshī. Nǐ bàba ne?

刘子艺 **他是老师。**
Liú Zǐyì Tā shì lǎoshī.

金志龙 **他教什么?**
Jīn Zhìlóng Tā jiāo shénme?

刘子艺 **他教学生英语。**
Liú Zǐyì Tā jiāo xuésheng Yīngyǔ.

단어 ②

☐	做	zuò	동 하다
☐	工作	gōngzuò	명 일 동 일하다
☐	厨师	chúshī	명 요리사
☐	教	jiāo	동 가르치다
☐	学生	xuésheng	명 학생
☐	英语	Yīngyǔ	명 영어

* 汉语 Hànyǔ 명 중국어

* 日语 Rìyǔ 명 일본어

* 韩语 Hányǔ 명 한국어

확인 문제

회화②를 잘 읽고, 다음 문장의 옳고 그름을 판단하세요.

1 金志龙的爸爸是厨师。　○ ✕

Jīn Zhìlóng de bàba shì chúshī.

2 刘子艺的爸爸是汉语老师。　○ ✕

Liú Zǐyì de bàba shì Hànyǔ lǎoshī.

어법

'一 yī'의 성조 변화 현상

(1) 순서, 등수의 첫 번째는 원래 성조(一 yī)대로 읽습니다.

　　第一天 dì yī tiān　첫째 날　　　　　一年级 yī niánjí　1학년

(2) '一 yī'의 뒤에 제1, 2, 3성이 오면 제4성 'yì'로, 제4성이 오면 제2성 'yí'로 변화합니다.

一 yì + 제1성	一 yì + 제2성	一 yì + 제3성	一 yí + 제4성
一边 yìbiān	一年 yìnián	一百 yìbǎi	一共 yígòng

1 동사 '有 yǒu'(1)

'有'의 주어가 장소라면 '어떤 장소에 (어떤) 사물이나 사람이 존재하고 있다'는 뜻을 나타냅니다.(동사 有(2)는 94쪽 참조)

㉮ **어순**: 장소 + 有 + 불특정한 사물/사람
㉯ 주어는 '장소'이고, 목적어는 의미상의 주어가 됩니다.
㉰ '有'는 반드시 '没'로 부정해야 합니다.

	주어 (장소)		서술어 (동사 有)	목적어	
긍정문	我家 Wǒ jiā 우리 집		有 yǒu 있다	小狗。 xiǎogǒu. 강아지	우리 집에는 강아지가 있어요.

	주어	부정사	서술어	목적어	
부정문	我家 Wǒ jiā 우리 집	没 méi 않다	有 yǒu 있다	小狗。 xiǎogǒu. 강아지	우리 집에는 강아지가 없어요.

> 다음 한국어에 해당하는 중국어를 골라 보세요.
>
> 당신 집은 몇 식구예요?
>
> ① 你有几个人? Nǐ yǒu jǐ ge rén?　　② 你家有几个人? Nǐ jiā yǒu jǐ ge rén?
>
> ③ 你有几口人? Nǐ yǒu jǐ kǒu rén?　　④ 你家有几口人? Nǐ jiā yǒu jǐ kǒu rén?

2 의문사 '几 jǐ' 의문문

의문사 '几'는 '10 미만'을 묻는 표현이고, '10 이상'을 물을 때는 '多少 duōshao'를 사용합니다.

어순: | 几 | + | 양사 | + | 명사 |

几	位	老师
jǐ	wèi	lǎoshī
몇	분(의)	선생님

A: 这儿有几个学生? 여기에는 학생이 몇 명 있나요?
　　Zhèr yǒu jǐ ge xuésheng?

B: 这儿有两个学生。 여기에는 두 명의 학생이 있어요.
　　Zhèr yǒu liǎng ge xuésheng.

B의 대답이 나오도록 A에 알맞은 질문을 넣어서 대화를 완성해 보세요.

A: _____

B: 有。我家有小狗。 Yǒu. wǒ jiā yǒu xiǎogǒu.

A: _____

B: 我家有两只小狗。 Wǒ jiā yǒu liǎng zhī xiǎogǒu.

---

3 부사 '都 dōu'

❷ 일반적으로 '都'는 자신 앞에 있는 것(주어)을 '모두' 포함합니다.

那三个人都是中国人。 저 세 사람은 모두 중국 사람이에요.
Nà sān ge rén dōu shì Zhōngguórén.

爸爸、妈妈都在家。 아빠, 엄마는 모두 집에 계세요.
Bàba、māma dōu zài jiā.

❹ 의문사 의문문에서 '都'가 포함하는 것은 '목적어'입니다.

你家都有几口人? 너희 집은 모두 몇 식구가 있니?(너희 집은 몇 식구야?)
Nǐ jiā dōu yǒu jǐ kǒu rén?

4 이중목적어를 가지는 동사 '教 jiāo'

'教'는 이중목적어를 가질 때 '(사람)에게 (무엇)을 가르치다'는 뜻을 나타냅니다.

	주어		서술어 (동사)	간접목적어 (사람: ~에게)	직접목적어 (명사: ~을/를)	
긍정문	我 Wǒ 나		教 jiāo 가르치다	学生 xuésheng 학생	汉语。 Hànyǔ. 중국어	나는 학생에게 중국어를 가르쳐요.

	주어	부정사	서술어	간접목적어	직접목적어	
부정문	我 Wǒ 나	不 bù ~지 않다	教 jiāo 가르치다	学生 xuésheng 학생	汉语。 Hànyǔ. 중국어	나는 학생에게 중국어를 가르치지 않아요.

B의 대답이 나오도록 A에 알맞은 질문을 넣어서 대화를 완성해 보세요.

A: _____

B: 是，我爸爸妈妈都是老师。 Shì, wǒ bàba māma dōu shì lǎoshī.

A: _____

B: 我爸爸教学生汉语，我妈妈教学生英语。
　　Wǒ bàba jiāo xuésheng Hànyǔ, wǒ māma jiāo xuésheng Yīngyǔ.

1 你 家有几口人?

老师 lǎoshī

陈先生 Chén xiānsheng

刘小姐 Liú xiǎojiě

2 我爸爸 是 厨师 。

我爷爷 wǒ yéye   医生 yīshēng

他哥哥 tā gēge   律师 lǜshī

朴先生 Piáo xiānsheng   作家 zuòjiā

3 他教学生 英语 。

汉语 Hànyǔ

日语 Rìyǔ

韩语 Hányǔ

医生 yīshēng 몡 의사 | 律师 lǜshī 몡 변호사 | 作家 zuòjiā 몡 작가

발음의 달인

Track 05-06

▶ 2음절 성조 읽기 연습

zhǒngzi	yùmǐ	gǔgé
jiānghé	ěrduo	xīnzàng
pímáo	pífū	húpō
yǎnjing	yǔmáo	mǎyǐ

Track 05-07

▶ 직업 명칭으로 발음 연습

hùshi
护士 간호사

yīshēng
医生 의사

lǜshī
律师 변호사

zuòjiā
作家 작가

gēshǒu
歌手 가수

yǎnyuán
演员 연기자

jìzhě
记者 기자

gōngchéngshī
工程师 엔지니어

듣기의 달인

Track 05-08

1 녹음을 듣고 들리는 숫자를 쓰세요.

(1) _____ (2) _____ (3) _____ (4) _____

Track 05-09

2 녹음을 듣고 각 병음의 성조를 바르게 표기하세요.

(1) ling　　　　(2) liang　　　(3) shou　　　(4) zhe

Track 05-10

3 녹음을 듣고 내용과 관계있는 사진을 고르세요.

(1) ❶　　❷

(2) ❶　　❷　

▶ 아래 내용을 바탕으로, 2인 1조가 되어 서로 '大卫 Dàwèi'와 '玛丽 Mǎlì'의 역할을 바꾸어 가며 주어진 대화를 완성해 보세요.

大卫家有五口人，奶奶、爸爸、妈妈、一个弟弟和他。
Dàwèi jiā yǒu wǔ kǒu rén, nǎinai、bàba、māma、yí ge dìdi hé tā.

大卫的妈妈是记者。
Dàwèi de māma shì jìzhě.

玛丽家有六口人，爸爸、妈妈、两个哥哥、一个妹妹和她。
Mǎlì jiā yǒu liù kǒu rén, bàba、māma、liǎng ge gēge、yí ge mèimei hé tā.

玛丽的妈妈是护士。
Mǎlì de māma shì hùshi.

단어   记者 jìzhě 阌 기자 | 护士 hùshi 阌 간호사

대화 ①

玛丽 你家有几口人？
　　 Nǐ jiā yǒu jǐ kǒu rén?

大卫 ＿＿＿＿＿＿＿＿＿＿＿

玛丽 都有什么人？
　　 Dōu yǒu shénme rén?

大卫 ＿＿＿＿＿＿＿＿＿＿＿

玛丽 你妈妈做什么工作？
　　 Nǐ māma zuò shénme gōngzuò?

大卫 ＿＿＿＿＿＿＿＿＿＿＿

대화 ②

大卫 你家有几口人？
　　 Nǐ jiā yǒu jǐ kǒu rén?

玛丽 ＿＿＿＿＿＿＿＿＿＿＿

大卫 都有什么人？
　　 Dōu yǒu shénme rén?

玛丽 ＿＿＿＿＿＿＿＿＿＿＿

大卫 你妈妈做什么工作？
　　 Nǐ māma zuò shénme gōngzuò?

玛丽 ＿＿＿＿＿＿＿＿＿＿＿

간체자는 어떻게 만들어졌을까?(5)

복잡한 한자의 일부 특징만을 과감하게 강조하는 간체자들이 있습니다.

알기 쉽게 말해서, 어떤 한자의 상징적인 부분만을 남기고 불필요하다고 생각되는 나머지는 다 생략해 버리는 패턴인 셈이죠. 지하철이나 각종 교통 표지판에서 볼 수 있는 픽토그램(pictogram)과 정밀한 인물화의 관계를 한번 떠올려 보시기 바랍니다.

번체자	→	간체자	간체자의 특징
聲 성	→	声 shēng	번체자의 왼쪽 위만을 사용
號 호	→	号 hào	번체자의 왼쪽만 사용
飛 비	→	飞 fēi	번체자의 바깥 틀만 사용
婦 부	→	妇 fù	번체자의 오른쪽 아래는 생략
奪 탈	→	夺 duó	번체지의 가운데를 생략
類 류	→	类 lèi	번체자의 왼쪽만 사용

지금 몇 시예요?

现在几点?

Xiànzài jǐ diǎn?

학습 목표

일반적인 시각 표현법과 15분을 단위로 하는 시각 표현법, 몇 시 몇 분 전에 대한 중국식 표현법 등 중국어의 특징적인 시각 표현에 대해 익힙니다. 시각 표현과 함께 명사술어문과 정반의문문의 패턴을 학습합니다.

어법 사항

– 동사 '有 yǒu'(2)
– 정반의문문(1)
– 명사술어문
– 시각 묻고 답하기
– 복수형을 만드는 접미사 '们 men'

주요 표현

Track 06-00

16
你上午有没有课?
Nǐ shàngwǔ yǒu méiyǒu kè?
당신은 오전에 수업이 있나요 없나요?

17
现在几点?
Xiànzài jǐ diǎn?
지금 몇 시예요?

18
我们几点吃饭?
Wǒmen jǐ diǎn chī fàn?
우리 몇 시에 밥 먹을까요?

Track 06-01

陈一山　　　你上午有没有课?
Chén Yīshān　Nǐ shàngwǔ yǒu méiyǒu kè?

朴敏英　　　有课。
Piáo Mǐnyīng　Yǒu kè.

陈一山　　　几点上课?
Chén Yīshān　Jǐ diǎn shàngkè?

朴敏英　　　九点。
Piáo Mǐnyīng　Jiǔ diǎn.

陈一山　　　几点下课?
Chén Yīshān　Jǐ diǎn xiàkè?

朴敏英　　　下午一点五十分。
Piáo Mǐnyīng　Xiàwǔ yī diǎn wǔshí fēn.

단어 ①

☐ 上午　　shàngwǔ　　　명 오전

☐ 课　　　kè　　　　　명 수업

　　* 汉语课　Hànyǔ kè　명 중국어 수업

☐ 点　　　diǎn　　　　양 시[시간의 단위]

☐ 上课　　shàng//kè　　동 수업하다, 수업을 시작하다

☐ 下课　　xià//kè　　　동 수업을 마치다

☐ 下午　　xiàwǔ　　　명 오후

☐ 分　　　fēn　　　　　양 분[시간의 단위]

확인 문제

회화①을 잘 읽고, 다음 문장의 옳고 그름을 판단하세요.

1 朴敏英上午没有课。　〇 ✕

　Piáo Mǐnyīng shàngwǔ méiyǒu kè.

2 朴敏英下午两点下课。　〇 ✕

　Piáo Mǐnyīng xiàwǔ liǎng diǎn xiàkè.

陈一山 Chén Yīshān	现在几点? Xiànzài jǐ diǎn?
刘子艺 Liú Zǐyì	差五分六点。 Chà wǔ fēn liù diǎn.
陈一山 Chén Yīshān	我们几点吃饭? Wǒmen jǐ diǎn chī fàn?
刘子艺 Liú Zǐyì	六点半吃吧①。 Liù diǎn bàn chī ba.
陈一山 Chén Yīshān	吃什么? Chī shénme?
刘子艺 Liú Zǐyì	吃面条吧。 Chī miàntiáo ba.

Check Check!!!

① 어기조사 '吧'는 문장의 끝에 쓰여서 부드럽게 제안하는 느낌을 더해 줍니다.

　　⑩ 我们上课吧。 Wǒmen shàngkè ba. 우리 수업을 시작합시다.

단어 ❷

☐	现在	xiànzài	명 지금
☐	差	chà	동 차이 나다, 부족하다
☐	我们	wǒmen	대 우리(들)

    * 们 men 접미 ~들[복수 표시]

☐	吃	chī	동 먹다
☐	饭	fàn	명 밥
☐	半	bàn	수 반, 절반
☐	吧	ba	조 ~하자, ~해라[제안, 가벼운 명령을 나타내는 어기조사]
☐	面条	miàntiáo	명 국수

확인 문제

회화 ❷를 잘 읽고, 다음 문장의 옳고 그름을 판단하세요.

1 陈一山和刘子艺六点半吃饭。　 ○ ✕

　Chén Yīshān hé Liú Zǐyì liù diǎn bàn chī fàn.

2 陈一山和刘子艺吃面条。　 ○ ✕

　Chén Yīshān hé Liú Zǐyì chī miàntiáo.

어법

1 동사 '有 yǒu'(2)

'소유주(주어)가 소유물(목적어)을 가지고 있다'는 뜻을 나타냅니다.

㉠ 어순: 주어(소유주) + 有 + 목적어(소유물)
㉡ 부정문: '沒'로 부정하는 것은 동사 '有'(1)과 동일합니다.(동사 有(1)은 80쪽 참조)

	주어		서술어 (동사 有)	목적어	
긍정문	我 Wǒ 나		有 yǒu 가지고 있다	小狗。 xiǎogǒu. 강아지	나는 강아지가 있어요.

	주어	부정사	서술어	목적어	
부정문	我 Wǒ 나	没 méi 않다	有 yǒu 가지고 있다	小狗。 xiǎogǒu. 강아지	나는 강아지가 없어요.

2 정반의문문(1)

'동사/형용사'의 긍정형과 부정형을 차례대로 배열하여 만드는 의문문으로, 부정사 '不'는 '경성(bu)'으로 발음합니다.(정반의문문(2)는 158쪽 참조)

	주어	서술어	+	부정사	+	서술어	목적어	
일반 동사	你 Nǐ 너	吃 chī		不 bu 먹어요 안 먹어요		吃 chī	面条? miàntiáo? 국수	당신은 국수를 먹어요 안 먹어요?
有 동사	你 Nǐ 너	有 yǒu		没 méi 있어요 없어요		有 yǒu	小狗? xiǎogǒu? 강아지	당신은 강아지가 있어요 없어요?
형용사	你 Nǐ 너	高兴 gāoxìng		不 bu 즐거워요 안 즐거워요		高兴? gāoxìng?		당신은 즐거워요 안 즐거워요?

A에 정반의문문을 넣어서 대화를 완성해 보세요.

(1) A: _____

　　 B: 我上午没有汉语课。Wǒ shàngwǔ méiyǒu Hànyǔ kè.

(2) A: _____

　　 B: 我喝可乐。Wǒ hē kělè.

③ 명사술어문

주어와 서술어 모두 명사(구)만으로 이루어진 문형입니다. 명사술어문의 술어는 시각, 나이 등
숫자 표현을 포함하고 있어야 하며, 부정문은 '不是'와 같이 동사 '是'를 활용하여 만듭니다.

	주어	부정사	서술어	목적어	
긍정문	**주어** 现在 Xiànzài 지금		**서술어** (숫자 + 명사) 九点。 jiǔ diǎn. 9시		지금은 9시예요.
부정문	**주어** 现在 Xiànzài 지금	**부정사** 不 bú 아니다	**서술어** (동사 是) 是 shì 이다	**목적어** 九点。 jiǔ diǎn. 9시	지금은 9시가 아니에요.
의문사 의문문	**주어** 现在 Xiànzài 지금		**서술어** (의문사 + 명사) 几点? jǐ diǎn? 몇 시		지금 몇 시예요?

4 시각 묻고 답하기

㉮ 일반적인 시각 표현: '点'은 '시', '分'은 '분'을 나타내며, '刻 kè'는 '15분'을 단위로 하는 시각 표현(quarter)입니다.

㉯ 의문사는 '시'와 '분' 모두 '几'를 사용합니다.

㉰ 1분부터 9분까지는 앞에 '零 líng'을 붙이기도 합니다.

	시			분		특수 표현
몇 시	几点	jǐ diǎn	몇 분	几分	jǐ fēn	
1시	一点	yī diǎn	5분	五分	wǔ fēn	= 零五分 líng wǔ fēn
2시	两点	liǎng diǎn	10분	十分	shí fēn	
3시	三点	sān diǎn	15분	十五分	shíwǔ fēn	= 一刻 yí kè
4시	四点	sì diǎn	20분	二十分	èrshí fēn	
5시	五点	wǔ diǎn	30분	三十分	sānshí fēn	= 半 bàn
6시	六点	liù diǎn	40분	四十分	sìshí fēn	
7시	七点	qī diǎn	45분	四十五分	sìshíwǔ fēn	= 三刻 sān kè
8시	八点	bā diǎn	50분	五十分	wǔshí fēn	
9시	九点	jiǔ diǎn				
10시	十点	shí diǎn				
11시	十一点	shíyī diǎn				
12시	十二点	shí'èr diǎn				

㉱ 몇 시 몇 분 전 표시법

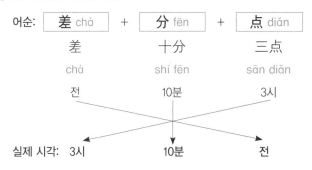

B의 대답이 나오도록 A에 알맞은 질문을 넣어서 대화를 완성해 보세요.

(1) A: _____

　　 B: 现在两点。 Xiànzài liǎng diǎn.

(2) A: _____

　　 B: 我十二点吃饭。 Wǒ shí'èr diǎn chī fàn.

5 복수형을 만드는 접미사 '们 men'

인칭대명사나 직업 (혹은 사람 관련) 명사에 '们'을 붙이면 복수형이 됩니다.

	단수(일반)	단수(존칭)	복수(단수 + 们 men)	주의 사항
1인칭	我 wǒ 나	×	我们 wǒmen 우리(들)	
2인칭	你 nǐ 너, 당신	您 nín 당신	你们 nǐmen 너희(들)	您们 nínmen(사용 불가)
3인칭	他 tā 그 她 tā 그녀 它 tā 그것	×	他们 tāmen 그들 她们 tāmen 그녀들 它们 tāmen 그것들	
의문사	谁 shéi 누구	×	谁 shéi 누구들	'谁'는 단수와 복수의 모양이 같습니다.
직업 등 사람 명사	学生 xuésheng 학생	×	学生们 xuéshengmen 학생들	'三个学生们'처럼 복수 표시 성분 두 개를 함께 사용할 수는 없습니다.

아래 명사의 복수형을 만들어 보세요.

(1) 学生 xuésheng → _____

(2) 老师 lǎoshī → _____

(3) 厨师 chúshī → _____

(4) 人 rén → _____

바꾸어 말하기

1 你上午有没有 课 ？

汉语课 Hànyǔ kè
英语课 Yīngyǔ kè
韩语课 Hányǔ kè

2 现在 一点五十分 。

两点零五分 liǎng diǎn líng wǔ fēn
差五分三点 chà wǔ fēn sān diǎn
四点半 sì diǎn bàn

3 我们几点 吃饭 ？

上汉语课 shàng Hànyǔ kè
下课 xiàkè
喝茶 hē chá

발음의 달인

Track 06-06

▶ 2음절 성조 읽기 연습

fēngzheng	kēdǒu	huàshí
bǔzhuō	hūxī	mógu
shūcài	bìhǔ	gōngdiàn
chìbǎng	bīngbáo	wútóng

Track 06-07

▶ 요리 이름으로 발음 연습

bāozi
包子 왕만두

jiǎozi
饺子 교자

mántou
馒头 찐빵

huājuǎnr
花卷儿 꽃빵

huǒguō
火锅 훠궈

xiǎolóngbāo
小笼包 샤오롱바오

zhájiàngmiàn
炸酱面 짜장면

dàndànmiàn
担担面 단단몐

듣기의 달인

Track 06-08

1 녹음을 듣고 들리는 숫자를 쓰세요.

(1) _____ (2) _____ (3) _____ (4) _____

Track 06-09

2 녹음을 듣고 각 병음의 성조를 바르게 표기하세요.

(1) xiong   (2) leng   (3) piao   (4) yan

Track 06-10

3 녹음을 듣고 내용과 관계있는 사진을 고르세요.

(1) ❶    ❷

(2) ❶    ❷

회화의 달인

Track 06-11

▶ 아래 내용을 바탕으로, 2인 1조가 되어 서로 '大卫 Dàwèi'와 '玛丽 Mǎlì'의 역할을 바꾸어 가며 주어진 대화를 완성해 보세요.

大卫上午八点有课，玛丽上午十点有课。
Dàwèi shàngwǔ bā diǎn yǒu kè, Mǎlì shàngwǔ shí diǎn yǒu kè.

下午他们两个人都没有课。
Xiàwǔ tāmen liǎng ge rén dōu méiyǒu kè.

大卫下午一点吃午饭，玛丽下午两点吃午饭。
Dàwèi xiàwǔ yī diǎn chī wǔfàn, Mǎlì xiàwǔ liǎng diǎn chī wǔfàn.

단어 午饭 wǔfàn 명 점심밥

대화 ①

玛丽 你几点有课？
　　Nǐ jǐ diǎn yǒu kè?

大卫 ＿＿＿＿＿＿＿＿＿＿

玛丽 下午呢？
　　Xiàwǔ ne?

大卫 ＿＿＿＿＿＿＿＿＿＿

玛丽 你几点吃午饭？
　　Nǐ jǐ diǎn chī wǔfàn?

大卫 ＿＿＿＿＿＿＿＿＿＿

대화 ②

大卫 你几点有课？
　　Nǐ jǐ diǎn yǒu kè?

玛丽 ＿＿＿＿＿＿＿＿＿＿

大卫 下午呢？
　　Xiàwǔ ne?

玛丽 ＿＿＿＿＿＿＿＿＿＿

大卫 你几点吃午饭？
　　Nǐ jǐ diǎn chī wǔfàn?

玛丽 ＿＿＿＿＿＿＿＿＿＿

간체자는 어떻게 만들어졌을까?(6)

간체자를 하나하나 상세하게 뜯어보면, 특별한 부호 역할을 하는 한자들을 만나게 됩니다. 우선 그중 '又(yòu)'를 먼저 살펴볼까요?

'又'의 한국 한자음은 '우'인데, 원래의 뜻(또, 다시)과는 상관없이, 다양한 한자에서 복잡한 모양을 간략화할 때 일종의 기호처럼 쓰이고 있습니다.

2획에 불과하기 때문에 두 번만 손을 움직이면 다 쓸 수 있다는 간단함과 모양 자체의 단순함 때문에 복잡한 한자의 다양한 구성 부분을 일괄적으로 대체하는 편리한 상징이 된 것 같습니다.

번체자	→	간체자의 공통 기호(又)	대표적인 예
漢 한	→	汉 hàn	漢 → 汉 hàn / 嘆 → 叹 tàn 難 → 难 nán / 灘 → 滩 tān
權 권	→	权 quán	權 → 权 quán / 勸 → 劝 quàn 歡 → 欢 huān / 觀 → 观 guān
對 대	→	对 duì	對 → 对 duì
鄧 등	→	邓 dēng	鄧 → 邓 dēng
鳳 봉	→	凤 fèng	鳳 → 凤 fèng

전반부

주요 어법 복습

1️⃣ 인칭대명사

	단수(일반)	단수(존칭)	복수(단수 + 们 men)	주의 사항
1인칭	我 wǒ 나	×	我们 wǒmen 우리(들)	
2인칭	你 nǐ 너, 당신	您 nín 당신	你们 nǐmen 너희(들)	您们 nínmen(사용 불가)
3인칭	他 tā 그 她 tā 그녀 它 tā 그것	×	他们 tāmen 그들 她们 tāmen 그녀들 它们 tāmen 그것들	
의문사	谁 shéi 누구	×	谁 shéi 누구들	'谁'는 단수와 복수의 모양이 같습니다.
직업 등 사람 명사	学生 xuésheng 학생	×	学生们 xuéshengmen 학생들	'三个学生们'처럼 복수 표시 성분 두 개를 함께 사용할 수는 없습니다.

2️⃣ 지시대명사와 장소 표시

	가까운 것(이)	가깝지 않은 것(그, 저)	의문
지시	这 zhè 이(것)	那 nà 그(것), 저(것)	哪 nǎ 어느
장소	这儿 zhèr 这里 zhèli 여기	那儿 nàr 那里 nàli 거기, 저기	哪儿 nǎr 哪里 nǎli 어디

3️⃣ 수사와 양사

숫자를 '수사', 사물을 세는 단위를 '양사'라고 함

양사 앞에서 두 개를 표시할 때는 '两'을 사용, 지시대명사와 양사 사이의 '一'는 생략 가능

어순: 지시대명사 ＋ 수사 ＋ 양사 ＋ 명사

那(一)个人 nà (yí) ge rén 저 한 사람

这两只小狗 zhè liǎng zhī xiǎogǒu   이 두 마리의 강아지

三杯咖啡 sān bēi kāfēi   세 잔의 커피

4 중국어의 기본 문형

서술어의 품사에 따라서 문형이 결정

㉮ 형용사술어문: 형용사가 서술어이며, 긍정문의 문장을 마치기 위해서는 부사 '很'이 필요, 부정문은 형용사의 앞에 '不'

어순: | 주어 | + | 很 | + | 서술어(형용사) |
(마침 신호)

1) 긍정문

妈妈很高兴。
Māma hěn gāoxìng.
엄마는 기뻐요.

2) 부정문

妈妈不高兴。
Māma bù gāoxìng.
엄마는 기쁘지 않아요.

㉯ 동사술어문: 동사가 서술어이며, 부정문은 동사의 앞에 '不'

어순: | 주어 | + | 서술어(동사) | + | 목적어 |

1) 긍정문

她是韩国人。
Tā shì Hánguórén.
그녀는 한국 사람이에요.

2) 부정문

她不是韩国人。
Tā bú shì Hánguórén.
그녀는 한국 사람이 아니에요.

㉰ 명사술어문: 명사가 서술어이며, 부정문은 동사 '是'를 활용

1) 긍정문

现在上午十一点。
Xiànzài shàngwǔ shíyī diǎn.
지금은 오전 11시예요.

2) 부정문

现在不是十一点。
Xiànzài bú shì shíyī diǎn.
지금은 11시가 아니에요.

5 의문문

중국어의 의문문은 의문을 나타내는 성분이 하나만 필요

㉮ '吗' 의문문

형용사술어문	你忙吗? 당신은 바쁜가요? Nǐ máng ma?
동사술어문	她是韩国人吗? 그녀는 한국 사람이에요? Tā shì Hánguórén ma?
명사술어문	现在十一点吗? 지금 11시예요? Xiànzài shíyī diǎn ma?

❹ 정반의문문

형용사술어문	你忙不忙？ 당신은 바쁜가요 안 바쁜가요? Nǐ máng bu máng?
동사술어문	他是不是韩国人？ 그는 한국 사람이에요 아니에요? Tā shì bu shì Hánguórén?
명사술어문	现在是不是十一点？ 지금 11시인가요 아닌가요? Xiànzài shì bu shì shíyī diǎn?

❺ 의문사 의문문

谁 shéi (누구)	她是谁？ 그녀는 누구예요? Tā shì shéi?
哪 nǎ (어느)	你是哪国人？ 당신은 어느 나라 사람이에요? Nǐ shì nǎ guó rén?
哪儿 nǎr (어디)	你家在哪儿？ 당신 집은 어디에 있어요? Nǐ jiā zài nǎr?
几 jǐ (10 미만 숫자)	你家有几口人？ 당신 가족은 몇 식구예요? Nǐ jiā yǒu jǐ kǒu rén?
什么 shénme (무엇)	这是什么？ 이것은 뭐예요? Zhè shì shénme?
什么 shénme + 명사 (무슨, 어떤)	他叫什么名字？ 그는 이름이 뭐예요? Tā jiào shénme míngzi?

❻ '呢' 의문문: 상대방에게 같은 질문을 되물을 때

A: 你忙吗？ 바쁜가요?
　　Nǐ máng ma?

B: 我不忙。你呢？ 바쁘지 않아요. 당신은요?
　　Wǒ bù máng. Nǐ ne?

단어 忙 máng 형 바쁘다

6 두 종류의 '有 yǒu'

㉮ 존재 표시: 장소 + 有 + <u>해당 장소에 존재하는 사람 / 사물</u>
(의미상의 주어)

我家有五口人。 우리 집에는 다섯 식구가 있어요.
Wǒ jiā yǒu wǔ kǒu rén.

㉯ 소유 표시: 사람 + 有 + 소유물

我有小狗。 나는 강아지를 가지고 있어요.(나는 강아지가 있어요.)
Wǒ yǒu xiǎogǒu.

7 이중목적어를 가지는 동사 '教 jiāo'

'教'는 '누구에게 무엇을 가르치다'라는 표현

어순: **주어** + **서술어(동사)** + **간접목적어** + **직접목적어**
(사람: ~에게)   (명사: ~을/를)

我爸爸教我汉字。 아빠는 저에게 한자를 가르치세요.
Wǒ bàba jiāo wǒ Hànzì.

단어 汉字 Hànzì 명 한자

8 시각 묻고 답하기

点 시, 分 분

1) 몇 시 몇 분: 几点几分? Jǐ diǎn jǐ fēn?

2) 5시 20분: 五点二十分 wǔ diǎn èrshí fēn / 2시: 两点 liǎng diǎn

3) 10시 5분 전: 差五分十点 chà wǔ fēn shí diǎn

4) 15분: 十五分 shíwǔ fēn (= 一刻 yí kè)

5) 30분: 三十分 sānshí fēn (= 半 bàn)

6) 45분: 四十五分 sìshíwǔ fēn (= 三刻 sān kè)

중국 사람의 보디랭귀지(Body Language) (1)

오랜 세월을 서로 이웃하며 살아온 중국은 한자 문화권이다 보니 우리들의 머릿속 어딘가에 중국 사람의 보디랭귀지 또한 당연히 우리와 비슷할 것이라는 선입견이 있습니다. 물론 평소 생활하면서 서로 같거나 비슷한 동작이 많기는 합니다. 엄지손가락을 치켜세우면 '최고야'라는 뜻이 된다든지 하는 것이 좋은 예이죠.

그렇지만 감정을 표현함에 있어서 우리와 같은 동작보다는 전혀 다른 보디랭귀지가 더 많답니다. 우리나라 사람이 중국 사람들의 사소한 보디랭귀지를 오해하거나 착각하여 서로 감정의 골이 깊어지기도 하고, 반대로 중국 사람들이 우리나라 사람들의 손동작이나 몸동작을 잘못 이해하여 다툼으로 발전하기도 합니다.

우리와는 다른 중국 사람들의 대표적인 보디랭귀지에는 어떤 것들이 있을까요?

♣ 우리 몸에서 자기 자신을 상징하는 부위는?

친구들과 함께 걸어가고 있는데, 저기 맞은편에서 친한 친구가 뭐라고 하면서 우리 쪽을 향하여 급하게 손짓합니다. 그런데 그 친구가 '나'를 부르고 있는지, 내 옆에 있는 '다른 친구'를 부르고 있는지 애매할 때가 있죠. 그럴 때는 손으로 자신을 가리키면서 큰 소리로 "나 부르는 거야?"라고 되묻게 됩니다. 이때, 우리나라 사람이라면 손으로 자신의 '가슴'이나 '심장' 근처를 가리키겠죠?

과연, 중국 사람들도 그럴까요? 그렇지 않습니다. 동일한 상황이라면 중국 사람들은 검지로 자신의 '코(鼻子 bízi)'를 가리킵니다. 중국 사람에게는 '코'가 자신의 상징이기 때문이죠.

정말 흥미롭게도, 한자의 '鼻(코 비)'자를 잘 살펴보면, 꼭대기에 '自(스스로 자, 자신 자)'자가 자리 잡고 있습니다. 때문에 문자 기록이 시작된 시절부터 중국 사람들에게 있어서 자신을 상징하는 신체 부위는 '코'였음을 간접적으로나마 알 수 있습니다.

다만, 상대방의 코를 직접 손가락으로 가리키지는 말아야 합니다. 소위 우리나라에서 말하는 '삿대질'에 해당하기 때문입니다.

♣ 재채기가 상징하는 문화 코드는?

평소 갑자기 재채기가 터져 나온다면, 우리나라 사람들은 그냥 코를 한 번 훌쩍하고 '아, 감기 기운이 있나?'라고 생각하죠. 중국 사람들은 똑같은 상황에서 '누가 몰래 나에 관한 뒷말이라도 하는 건가?'라고 생각하거나, '누가 나를 짝사랑이라도 하고 있나?'라는 로맨틱한 상상을 합니다. 중국 사람에게 '재채기'가 상징하는 문화 코드는 '어딘가에서 누군가 남모르게 나에 대하여 생각하다'이기 때문입니다. 그래서 중국 드라마나 영화 속 스토리 전개의 복선으로 '재채기'는 빈번하게 활용된답니다. 우리나라라면 '귀가 간지럽다'는 것이 중국의 '재채기'에 대응하는 문화 코드라고 할 수 있겠네요.

올해 몇 살이 되었나요?

你今年多大了?

Nǐ jīnnián duō dà le?

학습 목표

자신의 나이, 띠와 같은 개인적인 정보와 취향 등을 어떻게 표현하는지 학습합니다. 특히 다양한 의문사를 만드는 방법과 상태 변화 표현법을 이해함으로써 좀 더 구체적인 내용을 말할 수 있습니다.

어법 사항

– '多 duō' + 단음절 형용사
– 나이 묻기
– 문장 + 조사 '了₂ le'
– '喜欢 xǐhuan'의 두 가지 용법

주요 표현

Track 07-00

19 你今年多大了?
Nǐ jīnnián duō dà le?
당신은 올해 몇 살이 되었나요?

20 你属什么?
Nǐ shǔ shénme?
당신은 띠가 뭐예요?

21 你喜欢学习汉语吗?
Nǐ xǐhuan xuéxí Hànyǔ ma?
당신은 중국어 공부하는 것을 좋아해요?

회화 ❶

Track 07-01

王老师
Wáng lǎoshī

你今年多大了？

Nǐ jīnnián duō dà le?

金志龙
Jīn Zhìlóng

二十岁了。

Èrshí suì le.

王老师
Wáng lǎoshī

你属什么？

Nǐ shǔ shénme?

金志龙
Jīn Zhìlóng

我属马。老师，您多大年纪了？

Wǒ shǔ mǎ.　Lǎoshī, nín duō dà niánjì le?

王老师
Wáng lǎoshī

四十九了。

Sìshíjiǔ le.

金志龙
Jīn Zhìlóng

您很年轻，不像四十九岁。

Nín hěn niánqīng, bú xiàng sìshíjiǔ suì.

112　퍼스트 중국어 1

☐	今年	jīnnián	명 올해
☐	多	duō	대 얼마나[의문 표시]
☐	大	dà	형 크다, (나이가) 많다
☐	了	le	조 변화를 나타내는 어기조사
☐	岁	suì	양 살, 세[나이를 세는 단위]
☐	属	shǔ	동 ~띠이다
☐	马	mǎ	명 말[동물]
☐	年纪	niánjì	명 나이, 연령, 연세

* 岁数 suìshu 명 연세, 연령

☐	年轻	niánqīng	형 젊다

확인 문제

회화①을 잘 읽고, 다음 문장의 옳고 그름을 판단하세요.

1 金志龙今年二十岁了。 ○ ✕

Jīn Zhìlóng jīnnián èrshí suì le.

2 金志龙不属马。 ○ ✕

Jīn Zhìlóng bù shǔ mǎ.

王老师　　金同学，你的汉语很好。
Wáng lǎoshī　Jīn tóngxué, nǐ de Hànyǔ hěn hǎo.

金志龙　　哪里哪里！ ①
Jīn Zhìlóng　Nǎli nǎli!

王老师　　你喜欢学习汉语吗？
Wáng lǎoshī　Nǐ xǐhuan xuéxí Hànyǔ ma?

金志龙　　很喜欢。
Jīn Zhìlóng　Hěn xǐhuan.

王老师　　汉语不难吗？
Wáng lǎoshī　Hànyǔ bù nán ma?

金志龙　　很难，可是很有意思。
Jīn Zhìlóng　Hěn nán, kěshì hěn yǒu yìsi.

 **Check Check!!!** ✏️

① '哪里'는 '어디'라는 뜻이지만, 칭찬에 대하여 '천만에요'라는 겸양의 뜻으로도 쓰이며, 이때는 일반적으로 두 번 반복해서 말합니다.

　　예 A: 你的眼睛很漂亮! Nǐ de yǎnjing hěn piàoliang! 눈이 참 아름답군요!

　　　B: 哪里哪里! Nǎli nǎli! 천만에요!

단어　眼睛 yǎnjing 명 눈 | 漂亮 piàoliang 형 예쁘다, 아름답다

단어 2

Track 07-04

☐	同学	tóngxué	몡 학우, 급우
☐	哪里	nǎli	때 천만에요[자신에 대한 칭찬을 겸손하게 부정하는 말]
☐	喜欢	xǐhuan	됭 좋아하다
☐	学习	xuéxí	됭 공부하다, 학습하다
☐	难	nán	혱 어렵다

* 容易 róngyì 혱 쉽다

| ☐ | 可是 | kěshì | 젭 그러나, 그렇지만 |
| ☐ | 有意思 | yǒu yìsi | 혱 재미있다 |

* 没(有)意思 méi(yǒu) yìsi 재미없다

확인 문제

회화 2를 잘 읽고, 다음 문장의 옳고 그름을 판단하세요.

1 金志龙不喜欢学习汉语。　○ ✕

　Jīn Zhìlóng bù xǐhuan xuéxí Hànyǔ.

2 金志龙的汉语很好。　○ ✕

　Jīn Zhìlóng de Hànyǔ hěn hǎo.

LESSON 07 올해 몇 살이 되었나요?　115

어법

1 '多 duō' + 단음절 형용사

아래 조건에 모두 부합하는 형용사는 '多'와 결합하여 의문사가 됩니다.

① 단음절 형용사
② 수치화할 수 있는 형용사
③ 기준보다 '플러스(+)' 상태를 나타내는 형용사

'多'와 결합(X)	↔	'多'와 결합(O)	최종 결합 의문사	뜻
小 xiǎo 작다, 어리다	기준	大 dà 크다, (나이가) 많다	多大 duō dà	얼마나 커요? 나이가 어떻게 돼요?
短 duǎn 짧다		长 cháng 길다	多长 duō cháng	얼마나 길어요?
近 jìn 가깝다		远 yuǎn 멀다	多远 duō yuǎn	얼마나 멀어요?
轻 qīng 가볍다		重 zhòng 무겁다	多重 duō zhòng	얼마나 무거워요?
[마이너스(−)] 상태		[플러스(+)] 상태	'多' + [플러스(+) 형용사]	

B 대답이 나올 수 있게 '多 + 형용사' 표현을 사용해서 질문을 완성해 보세요.

(1) A: 这个_____?   B: 一米八。 Yì mǐ bā.

(2) A: 你_____?   B: 五十公斤。 Wǔshí gōngjīn.

(3) A: 你_____?   B: 二十一岁。 Èrshíyī suì.

단어 米 mǐ 양 미터(m) | 公斤 gōngjīn 양 킬로그램(kg)

2 나이 묻기

㉮ 어린이에게(10살 미만): 你几岁? Nǐ jǐ suì? 몇 살이니?

㉯ 또래 혹은 비슷한 연배에게(10살 이상): 你多大? Nǐ duō dà? 나이가 어떻게 돼요?

㉰ 어른에게: 1) 您多大年纪? Nín duō dà niánjì? 연세가 어떻게 되시나요?

　　　　　 2) 您多大岁数? Nín duō dà suìshu? 연세가 어떻게 되시나요?

B의 대답이 나오도록 A에 알맞은 질문을 넣어서 대화를 완성해 보세요.

(1) A: _____

　　B: 我爷爷今年七十岁。Wǒ yéye jīnnián qīshí suì.

(2) A: _____

　　B: 我弟弟今年八岁。Wǒ dìdi jīnnián bā suì.

3 문장 + 조사 '了₂ le'

'了'에는 두 종류가 있는데, 그중 '了₂'는 문장의 끝에 쓰여서 어떤 변화가 발생하였음을 표시합니다.

	A(변화 발생 전)	→	B(변화 발생 후) = 'A + 了₂'
명사술어문	我今年十九岁。 Wǒ jīnnián shíjiǔ suì. 나는 올해 19살이에요.	→	我今年十九岁了。 Wǒ jīnnián shíjiǔ suì le. 나는 올해 19살이 되었어요.
형용사술어문	脸很白。 Liǎn hěn bái. 얼굴이 하얘요. (안색이 원래 희다)	→	脸白了。 Liǎn bái le. 얼굴이 하얘졌어요. (안색이 원래는 희지 않았다.)
동사술어문	今天没有课。 Jīntiān méiyǒu kè. 오늘 수업이 없어요.	→	今天没有课了。 Jīntiān méiyǒu kè le. 오늘 수업이 없어졌어요.

다음 중국어를 한국어로 옮겨 보세요.

(1) 现在几点了? Xiànzài jǐ diǎn le? → _____

(2) 他是老师了。Tā shì lǎoshī le. → _____

단어 脸 liǎn 명 얼굴 | 白 bái 형 하얗다 | 今天 jīntiān 명 오늘

4 '喜欢 xǐhuan'의 두 가지 용법

'喜欢'은 단순한 '(대)명사'는 물론 '동사 + 목적어'도 목적어로 가질 수 있습니다.

㉮ 喜欢 + (대)명사: ~를 좋아하다

我喜欢王老师。 나는 왕 선생님을 좋아해요.
Wǒ xǐhuan Wáng lǎoshī.

她很喜欢我哥哥。 그녀는 우리 오빠(형)를 매우 좋아해요.
Tā hěn xǐhuan wǒ gēge.

㉯ 喜欢 + 동사 + 목적어: ~하기를 좋아하다

我喜欢吃面条。 나는 국수 먹는 것을 좋아해요.
Wǒ xǐhuan chī miàntiáo.

王老师喜欢教汉语。 왕 선생님은 중국어 가르치는 것을 좋아하세요.
Wáng lǎoshī xǐhuan jiāo Hànyǔ.

다음 질문에 부정문으로 대답해 보세요.

(1) A: 你喜欢不喜欢在家? Nǐ xǐhuan bu xǐhuan zài jiā?

B: _____

(2) A: 你喜欢不喜欢上英语课? Nǐ xǐhuan bu xǐhuan shàng Yīngyǔ kè?

B: _____

바꾸어 말하기

1 你 今年多大了?

金先生 Jīn xiānsheng
你姐姐 nǐ jiějie
朴小姐 Piáo xiǎojiě

2 我 属 马 。

汉语老师 Hànyǔ lǎoshī 　　　鼠 shǔ
英语老师 Yīngyǔ lǎoshī 　　　猴 hóu
我妈妈 wǒ māma 　　　　　牛 niú

3 你喜欢 学习汉语 吗?

上汉语课 shàng Hànyǔ kè
吃面条 chī miàntiáo
喝茶 hē chá

鼠 shǔ 몡 쥐 | 猴 hóu 몡 원숭이 | 牛 niú 몡 소

발음의 달인

Track 07-06

▶ 3음절 성조 읽기 연습

shuāngbāotāi	chūzūchē	wūyāzuǐ
tángcùròu	liánhéguó	xúnluóduì
huǒchēzhàn	zhǎnlǎnguǎn	jiǎntǐzì
hòuchēshì	jiàoxuélóu	zìxíngchē

Track 07-07

▶ 12지를 활용하여 발음 연습

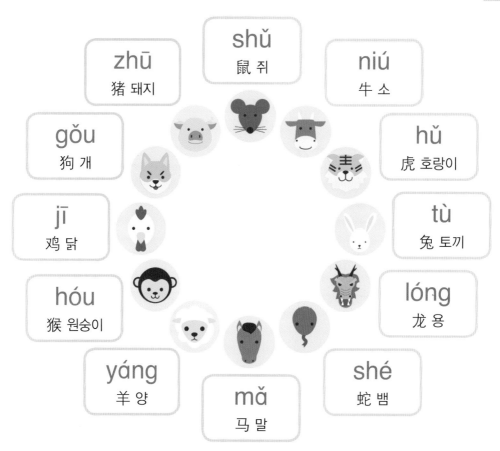

shǔ 鼠 쥐
zhū 猪 돼지
niú 牛 소
gǒu 狗 개
hǔ 虎 호랑이
jī 鸡 닭
tù 兔 토끼
hóu 猴 원숭이
lóng 龙 용
yáng 羊 양
mǎ 马 말
shé 蛇 뱀

듣기의 달인

1 녹음을 듣고 들리는 숫자를 쓰세요.

(1) _____ (2) _____ (3) _____ (4) _____

2 녹음을 듣고 각 병음의 성조를 바르게 표기하세요.

(1) yuan   (2) cong   (3) zu   (4) zhi

3 녹음을 듣고 제시된 문장이 내용과 일치하면 O, 틀리면 X를 표시하세요.

(1) 金先生不属狗。   (   )
Jīn xiānsheng bù shǔ gǒu.

(2) 女的的爷爷今年80岁了。   (   )
Nǚde de yéye jīnnián bāshí suì le.

(3) 女的喜欢学习英语。   (   )
Nǚde xǐhuan xuéxí Yīngyǔ.

(4) 朴小姐的汉语很好，金先生的汉语也很好。   (   )
Piáo xiǎojiě de Hànyǔ hěn hǎo, Jīn xiānsheng de Hànyǔ yě hěn hǎo.

(5) 女的的汉语老师很年轻。   (   )
Nǚde de Hànyǔ lǎoshī hěn niánqīng.

단어 女的 nǚde 명 여자

▶ 아래 내용을 바탕으로, 2인 1조가 되어 서로 '大卫 Dàwèi'와 '玛丽 Mǎlì'의 역할을 바꾸어 가
며 주어진 대화를 완성해 보세요.

大卫今年二十五岁，属牛。
Dàwèi jīnnián èrshíwǔ suì, shǔ niú.

玛丽今年二十四岁，属虎。
Mǎlì jīnnián èrshísì suì, shǔ hǔ.

他们两个人都很喜欢学习汉语。
Tāmen liǎng ge rén dōu hěn xǐhuan xuéxí Hànyǔ.

단어 虎 hǔ 명 호랑이

대화 ①

玛丽 你今年多大了？

大卫 ＿＿＿＿＿＿＿＿＿＿＿＿＿

玛丽 你属什么？

大卫 ＿＿＿＿＿＿＿＿＿＿＿＿＿

玛丽 你喜欢学习汉语吗？

大卫 ＿＿＿＿＿＿＿＿＿＿＿＿＿

대화 ②

大卫 你今年多大了？

玛丽 ＿＿＿＿＿＿＿＿＿＿＿＿＿

大卫 你属什么？

玛丽 ＿＿＿＿＿＿＿＿＿＿＿＿＿

大卫 你喜欢学习汉语吗？

玛丽 ＿＿＿＿＿＿＿＿＿＿＿＿＿

* 위의 대화를 완성한 후, 자신의 나이, 띠, 취향 등을 주제로 친구와 대화해 보세요.

간체자는 어떻게 만들어졌을까?(7)

　'又'자가 다양한 한자에서 복잡한 모양을 간략화할 때 일종의 기호처럼 쓰이고 있는 것

처럼 사용 횟수가 '又'만큼 많지는 않지만, 간략화 기호로 활용되는 또 다른 한자들이 있답

니다. 바로 '不(bù)'와 '云(yún)'입니다.

　특히 '不'는 부정사로 정말 자주 볼 수 있지만, 획수가 적고 쓰기도 편하기 때문에 간체

자 제작 당시 유용하게 활용되었던 것 같습니다.

번체자	→	간체자의 공통 기호(不 / 云)
還 환	→	还 hái, huán
壞 괴	→	坏 huài
懷 회	→	怀 huái
環 환	→	环 huán
運 운	→	运 yùn
動 동	→	动 dòng

생일이 몇 월 며칠이에요?

你的生日是几月几号?

Nǐ de shēngrì shì jǐ yuè jǐ hào?

학습 목표

숫자 읽기, 날짜와 요일을 묻고 답하는 방법을 익힙니다. 시각 표현에서 배웠던 명사술어문을 한 단계 발전시켜서 생일, 요일 등의 표현을 연습하고, 비교문 중에서도 가장 기초적인 동등비교문을 함께 학습합니다.

어법 사항

– 날짜와 요일 표현 및 숫자 읽기
– 부가의문문을 만드는 '怎么样 zěnmeyàng'
– 동등비교문(1): 'A + 跟 gēn + B + 一样 yíyàng'
– 감탄문을 만드는 부사 '真 zhēn'

22

今天星期几?

Jīntiān xīngqī jǐ?

오늘은 무슨 요일이에요?

23

你的生日是几月几号?

Nǐ de shēngrì shì jǐ yuè jǐ hào?

당신의 생일은 몇 월 며칠이에요?

24

我们明天去长城，怎么样?

Wǒmen míngtiān qù Chángchéng, zěnmeyàng?

우리 내일 만리장성에 가는 건, 어때요?

25

你的生日跟我妈妈的生日一样。

Nǐ de shēngrì gēn wǒ māma de shēngrì yíyàng.

당신 생일은 우리 엄마 생일과 같아요.

Track 08-01

金志龙 Jīn Zhìlóng	今天几号? Jīntiān jǐ hào?

刘子艺
Liú Zǐyì

今天二十八号。
Jīntiān èrshíbā hào.

金志龙
Jīn Zhìlóng

今天星期几?
Jīntiān xīngqī jǐ?

刘子艺
Liú Zǐyì

星期五。
Xīngqīwǔ.

金志龙
Jīn Zhìlóng

我们明天去长城，怎么样?
Wǒmen míngtiān qù Chángchéng, zěnmeyàng?

刘子艺
Liú Zǐyì

赞! ①
Zàn!

Check Check!!!

① '赞'은 SNS나 인터넷 등의 각종 게시물(사진 혹은 동영상)이 마음에 들면 누르는 '좋아요'에 해당하는 중국어 단어
로, 요즘에는 일상 대화에서도 '찬성, 동의'의 의미로 많이 사용합니다.

단어 ①

☐	今天	jīntiān	명 오늘
☐	号	hào	명 일[날짜]
☐	星期	xīngqī	명 요일, 주
☐	星期五	xīngqīwǔ	명 금요일

    ＊星期天 xīngqītiān 명 일요일

☐	明天	míngtiān	명 내일
☐	去	qù	동 가다
☐	怎么样	zěnmeyàng	대 어떠하다
☐	赞	zàn	동 찬성하다

고유명사

☐	长城	Chángchéng	창청, 만리장성

확인 문제

회화①을 잘 읽고, 다음 문장의 옳고 그름을 판단하세요.

1 今天是二十八号。 ○ ✕

    Jīntiān shì èrshíbā hào.

2 今天是星期天。 ○ ✕

    Jīntiān shì xīngqītiān.

Track 08-03

金志龙
Jīn Zhìlóng
你的生日是几月几号？
Nǐ de shēngrì shì jǐ yuè jǐ hào?

刘子艺
Liú Zǐyì
十月二十四号。
Shí yuè èrshísì hào.

金志龙
Jīn Zhìlóng
真的假的？
Zhēnde jiǎde?

刘子艺
Liú Zǐyì
真的。怎么了？
Zhēnde.　Zěnme le?

金志龙
Jīn Zhìlóng
你的生日跟我妈妈的生日一样。
Nǐ de shēngrì gēn wǒ māma de shēngrì yíyàng.

刘子艺
Liú Zǐyì
真巧！
Zhēn qiǎo!

단어 ❷

☐	生日	shēngrì	몡 생일
☐	月	yuè	몡 월, 달
☐	真的	zhēnde	진짜
☐	假的	jiǎde	가짜
☐	怎么	zěnme	때 왜, 어떻게
☐	跟	gēn	깨 ~와/과
☐	一样	yíyàng	혱 같다
☐	真	zhēn	뷔 정말로
☐	巧	qiǎo	혱 공교롭다

확인 문제

회화❷를 잘 읽고, 다음 문장의 옳고 그름을 판단하세요.

1 刘子艺的生日是10月24号。　○ ×

　Liú Zǐyì de shēngrì shì shí yuè èrshísì hào.

2 刘子艺的生日跟她妈妈的生日一样。　○ ×

　Liú Zǐyì de shēngrì gēn tā māma de shēngrì yíyàng.

어법

1 날짜와 요일 표현 및 숫자 읽기

㉮ 날짜: 월은 '月', 일은 '号'(문어체 '日 rì'), 의문사는 '几'를 사용합니다.

1) 몇 월 며칠: 几月几号 jǐ yuè jǐ hào

2) ○월 ○일: 숫자 + 月 + 숫자 + 号

一月 yī yuè	一号 yī hào	十一号 shíyī hào	二十一号 èrshíyī hào
二月 èr yuè	二号 èr hào	十二号 shí'èr hào	二十二号 èrshí'èr hào
三月 sān yuè	三号 sān hào	十三号 shísān hào	二十三号 èrshísān hào
四月 sì yuè	四号 sì hào	十四号 shísì hào	二十四号 èrshísì hào
五月 wǔ yuè	五号 wǔ hào	十五号 shíwǔ hào	二十五号 èrshíwǔ hào
六月 liù yuè	六号 liù hào	十六号 shíliù hào	二十六号 èrshíliù hào
七月 qī yuè	七号 qī hào	十七号 shíqī hào	二十七号 èrshíqī hào
八月 bā yuè	八号 bā hào	十八号 shíbā hào	二十八号 èrshíbā hào
九月 jiǔ yuè	九号 jiǔ hào	十九号 shíjiǔ hào	二十九号 èrshíjiǔ hào
十月 shí yuè	十号 shí hào	二十号 èrshí hào	三十号 sānshí hào
十一月 shíyī yuè			三十一号 sānshíyī hào
十二月 shí'èr yuè			

*주의: 월, 일, 요일의 '一'는 항상 'yī'로 발음해야 합니다.

㉯ 요일: '星期 + 숫자'로 표현합니다.

월	화	수	목	금	토	일	의문사
星期一 xīngqīyī	星期二 xīngqī'èr	星期三 xīngqīsān	星期四 xīngqīsì	星期五 xīngqīwǔ	星期六 xīngqīliù	星期天 xīngqītiān (星期日) (xīngqīrì)	星期几 xīngqī jǐ

*星期 대신 '礼拜 lǐbài' 또는 '周 zhōu'를 사용하기도 합니다.

㉰ 숫자 읽기: 한국어와 거의 흡사하지만 다음과 같은 차이가 있습니다.

1) 단위 앞의 숫자 '一 yī'를 읽습니다.

　　111: 一百一十一 yìbǎi yīshí yī　　　16,000: 一万六千 yíwàn liùqiān

2) 숫자 중간의 '0'은 한 번만 읽습니다.

　　101: 一百零一 yìbǎi líng yī　　　1,001: 一千零一 yìqiān líng yī

　　1,010: 一千零一十 yìqiān líng yīshí

연도: 연도는 단위를 포함하여 읽기도 하지만, 대부분 숫자를 하나씩 읽습니다.

2023年: 二零二三年 èr líng èr sān nián

1985年: 一九八五年 yī jiǔ bā wǔ nián

---

(1) B의 대답이 나오도록 A에 알맞은 질문을 넣어서 대화를 완성해 보세요.

① A: _____

B: 一月一号是星期三。 Yī yuè yī hào shì xīngqīsān.

② A: _____

B: 星期天是三月八号。 Xīngqītiān shì sān yuè bā hào.

(2) 다음 숫자와 연도를 읽어 보세요.

① 25,009: _____   ② 2030年: _____

---

2 부가의문문을 만드는 '怎么样 zěnmeyàng'

먼저 의견을 제시한 다음, 뒤에 '怎么样'을 덧붙여 상대방의 의견을 묻는 표현입니다.

我们吃饭，怎么样? 우리 밥 먹는 거, 어때요?
Wǒmen chī fàn, zěnmeyàng?

我们下午两点见，怎么样? 우리 오후 두 시에 만나는 거, 어때요?
Wǒmen xiàwǔ liǎng diǎn jiàn, zěnmeyàng?

아래 단어들을 배열하여 한국어를 중국어로 옮겨 보세요.

너희들 오후에 우리 집에 오는 거, 어때?

怎么样 / 来 / 我 / 下午 / 你们 / 家 → _____

단어 来 lái 동 오다

3 동등비교문(1): 'A + 跟 gēn + B + 一样 yíyàng'

두 개의 비교 대상이 서로 동등함을 표시하며, A와 B의 공통 단어는 'B'에서 생략할 수도 있습니다.(동등비교문(2), (3)은 2권 166~168쪽 참조)

㉮ 긍정문

비교 대상 A		跟		비교 대상 B		一样
我的手机 Wǒ de shǒujī 내 핸드폰	+	跟 gēn ~와/과	+	他的(手机) tā de (shǒujī) 그의 것(핸드폰)	+	一样 yíyàng 같다

내 핸드폰은 그의 것(핸드폰)과 같아요.

我的表跟他的(表)一样。　내 시계는 그의 것(시계)과 같아요.
Wǒ de biǎo gēn tā de (biǎo) yíyàng.

妈妈的钱包跟爸爸的(钱包)一样。　엄마의 지갑은 아빠의 것(지갑)과 같아요.
Māma de qiánbāo gēn bàba de (qiánbāo) yíyàng.

㉯ 부정문

A		跟		B		不一样
我的手机 Wǒ de shǒujī 내 핸드폰	+	跟 gēn ~와/과	+	他的(手机) tā de (shǒujī) 그의 핸드폰	+	不一样 bù yíyàng 다르다

내 핸드폰은 그의 것(핸드폰)과 달라요.

妈妈的钱包跟爸爸的(钱包)不一样。　엄마의 지갑은 아빠의 것(지갑)과 달라요.
Māma de qiánbāo gēn bàba de (qiánbāo) bù yíyàng.

다음 질문에 완전한 문장으로 답해 보세요.

(1) A: 你的生日跟你爸爸的生日一样吗?
　　 Nǐ de shēngrì gēn nǐ bàba de shēngrì yíyàng ma?

　　 B: _____

(2) A: 你爸爸的生日跟你爷爷的生日一样吗?
　　 Nǐ bàba de shēngrì gēn nǐ yéye de shēngrì yíyàng ma?

　　 B: _____

단어 手机 shǒujī 명 핸드폰, 휴대 전화 ㅣ 表 biǎo 명 (손목)시계 ㅣ 钱包 qiánbāo 명 지갑

4 감탄문을 만드는 부사 '真 zhēn'

'真'과 같은 정도부사는 감탄문을 만들 수 있습니다.

你家真漂亮! 너희 집 정말 아름답다!
Nǐ jiā zhēn piàoliang!

这儿真好! 여기는 정말 좋구나!
Zhèr zhēn hǎo!

아래 단어들을 배열하여 한국어를 중국어로 옮겨 보세요.

너희 어머니는 정말 예쁘시구나!

妈妈 / 你 / 漂亮 / 真 → _____

---

1 今天 星期五 。

> 星期三 xīngqīsān
> 星期六 xīngqīliù
> 星期天 xīngqītiān

2 我的生日是 十月二十四号 。

> 一月十五号 yī yuè shíwǔ hào
> 三月八号 sān yuè bā hào
> 十二月二十号 shí'èr yuè èrshí hào

3 我们明天去长城 ，怎么样?

> 我们现在去图书馆 wǒmen xiànzài qù túshūguǎn
> 你们学习汉语 nǐmen xuéxí Hànyǔ
> 我们今天吃面条 wǒmen jīntiān chī miàntiáo

발음의 달인

Track 08-06

▶ 3음절 성조 읽기 연습

xiǎnwēijìng	wàngyuǎnjìng	dàqìcéng
púgōngyīng	jiàngluòsǎn	zhǐnánzhēn
yínghuǒchóng	zhōngrǔshí	wáwayú
běijíxióng	zhuāngjiǎchē	qiānniúhuā

Track 08-07

▶ 중국의 도시 이름으로 발음 연습

Běijīng
北京 베이징

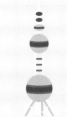

Shànghǎi
上海 상하이

Shēnzhèn
深圳 선전

Guǎngzhōu
广州 광저우

Hángzhōu
杭州 항저우

Sūzhōu
苏州 쑤저우

Tiānjīn
天津 톈진

Wǔhàn
武汉 우한

듣기의 달인

Track 08-08

1 녹음을 듣고 들리는 숫자를 쓰세요.

(1) _____ (2) _____ (3) _____ (4) _____

Track 08-09

2 녹음을 듣고 각 병음의 성조를 바르게 표기하세요.

(1) juan   (2) jun   (3) xuan   (4) yun

Track 08-10

3 녹음을 듣고 제시된 문장이 내용과 일치하면 O, 틀리면 X를 표시하세요.

(1) 明天是14号。   (   )
Míngtiān shì shísì hào.

(2) 金厨师明天去中国。   (   )
Jīn chúshī míngtiān qù Zhōngguó.

(3) 王老师的生日是5月31号。   (   )
Wáng lǎoshī de shēngrì shì wǔ yuè sānshíyī hào.

(4) 星期天是18号。   (   )
Xīngqītiān shì shíbā hào.

(5) 12月25号是星期三。   (   )
Shí'èr yuè èrshíwǔ hào shì xīngqīsān.

▶ 아래 내용을 바탕으로, 2인 1조가 되어 서로 '大卫 Dàwèi'와 '玛丽 Mǎlì'의 역할을 바꾸어 가며 주어진 대화를 완성해 보세요.

> 今天是三月十九号，是星期五。
> Jīntiān shì sān yuè shíjiǔ hào, shì xīngqīwǔ.
>
> 明天是大卫的生日。
> Míngtiān shì Dàwèi de shēngrì.
>
> 大卫的生日跟他爸爸的生日一样。
> Dàwèi de shēngrì gēn tā bàba de shēngrì yíyàng.

대화

玛丽　大卫，你的生日是几月几号？

大卫　＿＿＿＿＿＿＿＿＿＿＿＿＿＿＿＿＿＿

玛丽　你爸爸的生日呢？

大卫　＿＿＿＿＿＿＿＿＿＿＿＿＿＿＿＿＿＿

玛丽　真的假的？

大卫　＿＿＿＿＿＿＿＿＿＿＿＿＿＿＿＿＿＿

* 위의 대화를 완성한 후, 자신의 생일을 주제로 친구와 대화해 보세요.

어제 어디에 갔었나요?

你昨天去哪儿了?

Nǐ zuótiān qù nǎr le?

학습 목표

중국어로 지나간 일을 표현하는 방법과 영어의 전치사와 유사한 개념에 해당하는 '개사'라는
어법 성분을 학습합니다. 이를 통하여 "어디에서 무엇을 하였다"라는 형태의 문장을 중국어
로 표현할 수 있습니다.

어법 사항

‐ 완료 표시 조사 '了₁ le'
‐ 개사 '在 zài'
‐ 강조 표현 '太 tài……了 le'

주요 표현

26

你昨天去哪儿了?

Nǐ zuótiān qù nǎr le?

당신은 어제 어디에 갔었나요?

27

他们都是韩国人吧?

Tāmen dōu shì Hánguórén ba?

그들은 모두 한국 사람이지요?

28

你昨天在动物园看见熊猫了吗?

Nǐ zuótiān zài dòngwùyuán kànjiàn xióngmāo le ma?

당신은 어제 동물원에서 판다를 봤어요?

29

太遗憾了!

Tài yíhàn le!

너무 아쉽네요!

陈一山　　你昨天去哪儿了?
Chén Yīshān　Nǐ zuótiān qù nǎr le?

刘子艺　　和外国朋友们去动物园了。
Liú Zǐyì　Hé wàiguó péngyoumen qù dòngwùyuán le.

陈一山　　你一共有几个外国朋友?
Chén Yīshān　Nǐ yígòng yǒu jǐ ge wàiguó péngyou?

刘子艺　　四个。
Liú Zǐyì　Sì ge.

陈一山　　他们都是韩国人吧①?
Chén Yīshān　Tāmen dōu shì Hánguórén ba?

刘子艺　　不，一个是美国人，三个是韩国人。
Liú Zǐyì　Bù, yí ge shì Měiguórén, sān ge shì Hánguórén.

Check Check!!!

① 조사 '吧'에는 확신하지 못하는 느낌, 추측 등을 나타내는 용법도 있습니다.

　　예 今天是星期五吧? Jīntiān shì xīngqīwǔ ba? 오늘이 금요일이지요?

단어 ①

Track 09-02

☐	昨天	zuótiān	명 어제
☐	了	le	조 완료를 나타내는 조사
☐	外国	wàiguó	명 외국
☐	朋友	péngyou	명 친구
☐	动物园	dòngwùyuán	명 동물원
☐	一共	yígòng	부 전부, 합해서
☐	吧	ba	조 ~지요?[추측을 나타내는 어기조사]

고유명사

☐	美国	Měiguó	미국[국명]

확인 문제

회화①을 잘 읽고, 다음 문장의 옳고 그름을 판단하세요.

1 刘子艺昨天去动物园了。　○ ✕

　Liú Zǐyì zuótiān qù dòngwùyuán le.

2 刘子艺没有韩国朋友。　○ ✕

　Liú Zǐyì méiyǒu Hánguó péngyou.

Track 09-03

陈一山　　你最喜欢什么动物?
Chén Yīshān　Nǐ zuì xǐhuan shénme dòngwù?

刘子艺　　熊猫。
Liú Zǐyì　　Xióngmāo.

陈一山　　你昨天在动物园看见熊猫了吗?
Chén Yīshān　Nǐ zuótiān zài dòngwùyuán kànjiàn xióngmāo le ma?

刘子艺　　没看见。
Liú Zǐyì　　Méi kànjiàn.

陈一山　　太遗憾了!
Chén Yīshān　Tài yíhàn le!

☐	最	zuì	부 가장, 제일
☐	动物	dòngwù	명 동물
☐	熊猫	xióngmāo	명 판다
☐	在	zài	개 ~에서
☐	看见	kànjiàn	동 보다, 보이다
☐	没	méi	부 (~하지) 않았다
☐	太……了	tài……le	너무 ~하다

＊ 太 tài 부 너무, 매우

| ☐ | 遗憾 | yíhàn | 형 안타깝다, 유감스럽다 |

확인 문제

회화❷를 잘 읽고, 다음 문장의 옳고 그름을 판단하세요.

1 刘子艺不喜欢熊猫。　○ ×

Liú Zǐyì bù xǐhuan xióngmāo.

2 刘子艺昨天在动物园没看见熊猫。　○ ×

Liú Zǐyì zuótiān zài dòngwùyuán méi kànjiàn xióngmāo.

어법

1 완료 표시 조사 '了₁ le'

㉮ '了₁'은 (동작) 동사의 뒤에서 '완료'를 표시하며, 부정문은 '了₁'을 없애고 동사의 앞에 '没'를 붙이면 됩니다.

	주어		서술어 (동사)	了₁	수식어	목적어	나는 카페 한 곳에 갔어요.
긍정문	我 Wǒ 나		去 qù 가다	了 le (완료)	一家 yì jiā 한 곳	咖啡店。 kāfēidiàn. 카페	
	주어	부정사	서술어			목적어	나는 카페에 가지 않았어요.
부정문	我 Wǒ 나	没 méi 않았다	去 qù 가다			咖啡店。 kāfēidiàn. 카페	

我吃了一块面包。 나는 빵을 한 조각 먹었어요.
Wǒ chīle yí kuài miànbāo.

我没吃面包。 나는 빵을 먹지 않았어요.
Wǒ méi chī miànbāo.

㉯ 목적어의 앞에 수식어가 없다면, '了₁'은 문장의 끝에 와야 말을 마칠 수 있습니다. 부정문은 ㉮와 동일합니다.

	주어		서술어 (동사)	목적어	了₁	나는 카페에 갔어요.
긍정문	我 Wǒ 나		去 qù 가다	咖啡店 kāfēidiàn 카페	了。 le. (완료)	
	주어	부정사	서술어	목적어		나는 카페에 가지 않았어요.
부정문	我 Wǒ 나	没 méi 않았다	去 qù 가다	咖啡店。 kāfēidiàn. 카페		

我吃面包了。 나는 빵을 먹었어요.
Wǒ chī miànbāo le.

我没吃面包。 나는 빵을 먹지 않았어요.
Wǒ méi chī miànbāo.

다음 질문에 부정문으로 답해 보세요.

(1) A: 你昨天喝咖啡了吗? Nǐ zuótiān hē kāfēi le ma?

　　B: _____

(2) A: 你昨天吃没吃面条? Nǐ zuótiān chī méi chī miàntiáo?

　　B: _____

단어 家 jiā 양 집[집, 가게 등을 세는 단위] | 咖啡店 kāfēidiàn 명 카페 |
块 kuài 양 조각[덩어리나 조각 형태의 물건을 세는 단위] | 面包 miànbāo 명 빵

2 개사 '在 zài'

'在' 이외에 다른 서술어가 없다면 '在'는 동사(서술어)이지만, 다른 서술어가 있다면 '在'는 장소를 표시하는 개사입니다.(동사 在는 66쪽 참조)

	주어		서술어 (동사 在)	목적어	
동사 在 (~에 있다)	他 Tā 그		在 zài ~에 있다	学校。 xuéxiào. 학교	그는 학교에 있어요.

	주어	부사어 (在 + 장소)	서술어 (동사)	목적어	
개사 在 (~에서)	他 Tā 그	在学校 zài xuéxiào 학교에서	念 niàn 읽다	书。 shū. 책	그는 학교에서 책을 읽어요. (공부해요)

我在家。 나는 집에 있어요.
Wǒ zài jiā.

我在家吃饭。 나는 집에서 밥을 먹어요.
Wǒ zài jiā chī fàn.

단어 学校 xuéxiào 명 학교 | 念 niàn 동 읽다, 공부하다

아래 세 문장의 괄호 속에 공통적으로 들어갈 수 있는 한 글자 단어를 써 보세요.

– 现在你(   )哪儿? Xiànzài nǐ (   ) nǎr?

– 你(   )哪儿上汉语课? Nǐ (   ) nǎr shàng Hànyǔ kè?

– 我喜欢(   )家学习。 Wǒ xǐhuan (   ) jiā xuéxí.

3 강조 표현 '太 tài……了 le'

강조하고 싶은 형용사를 '太'와 '了'의 사이에 둡니다.

长城太大了!   만리장성은 매우 커요!
Chángchéng tài dà le!

熊猫太可爱了!   판다는 매우 귀여워요!
Xióngmāo tài kě'ài le!

'太……了'와 [　] 안의 단어를 이용하여 질문에 답해 보세요.

(1) A: 小金的汉语怎么样? Xiǎo Jīn de Hànyǔ zěnmeyàng?

   B: _____ [好]

(2) A: 汉语有没有意思? Hànyǔ yǒu méiyǒu yìsi?

   B: _____ [有意思]

단어　可爱 kě'ài 형 귀엽다

바꾸어 말하기

1 我昨天 去动物园 了。

喝中国茶 hē Zhōngguó chá
看见熊猫 kànjiàn xióngmāo
上汉语课 shàng Hànyǔ kè

2 我昨天没 去动物园 。

吃饭 chī fàn
喝咖啡 hē kāfēi
看见汉语老师 kànjiàn Hànyǔ lǎoshī

3 我最喜欢 熊猫 。

小动物 xiǎo dòngwù
去动物园 qù dòngwùyuán
星期天 xīngqītiān

보충 단어

小 xiǎo 형 작다

발음의 달인

Track 09-06

▶ 4음절 성조 읽기 연습

jǐng dǐ zhī wā   jiǔ niú yì máo

mèng mǔ sān qiān   huà shé tiān zú

wén jī qǐ wǔ   yù bàng xiāng zhēng

tóu bǐ cóng róng   bàn tú ér fèi

Track 09-07

▶ 동물 이름으로 발음 연습

   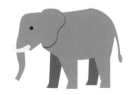

dàishǔ	**húli**	**kǎolā**	**dàxiàng**
袋鼠 캥거루	狐狸 여우	考拉 코알라	大象 코끼리

bānmǎ	**qǐ'é**	**luòtuo**	**chángjǐnglù**
斑马 얼룩말	企鹅 펭귄	骆驼 낙타	长颈鹿 기린

듣기의 달인

Track 09-08

1 녹음을 듣고 들리는 숫자를 쓰세요.

(1) _____ (2) _____ (3) _____ (4) _____

Track 09-09

2 녹음을 듣고 각 병음의 성조를 바르게 표기하세요.

(1) bian   (2) kun   (3) jue   (4) xun

Track 09-10

3 녹음을 듣고 제시된 문장이 내용과 일치하면 O, 틀리면 X를 표시하세요.

(1) 小陈昨天去朴老师家了。   (   )
Xiǎo Chén zuótiān qù Piáo lǎoshī jiā le.

(2) 小刘有一个美国朋友。   (   )
Xiǎo Liú yǒu yí ge Měiguó péngyou.

(3) 男的喜欢小狗。   (   )
Nánde xǐhuan xiǎogǒu.

(4) 男的今天去动物园。   (   )
Nánde jīntiān qù dòngwùyuán.

(5) 男的的爸爸妈妈最近都很好。   (   )
Nánde de bàba māma zuìjìn dōu hěn hǎo.

단어 男的 nánde 몡 남자

회화의 달인

▶ 아래 내용을 바탕으로, 2인 1조가 되어 서로 '大卫 Dàwèi'와 '玛丽 Mǎlì'의 역할을 바꾸어 가며 주어진 대화를 완성해 보세요.

昨天玛丽和她的外国朋友们去动物园了。
Zuótiān Mǎlì hé tā de wàiguó péngyoumen qù dòngwùyuán le.

玛丽最喜欢熊猫，可是昨天在动物园没看见熊猫。
Mǎlì zuì xǐhuan xióngmāo, kěshì zuótiān zài dòngwùyuán méi kànjiàn xióngmāo.

太遗憾了。
Tài yíhàn le.

대화

大卫　玛丽，昨天你去哪儿了？

玛丽　_____

大卫　你最喜欢什么动物？

玛丽　_____

大卫　昨天你在动物园看见熊猫了吗？

玛丽　_____

* 위의 대화를 완성한 후, 자신이 어제 갔던 장소와 좋아하는 것을 주제로 친구와 대화해 보세요.

간체자는 어떻게 만들어졌을까?(8)

한자 중에는 가만히 바라보고만 있어도 그 뜻을 대충 추측할 수 있는 것들이 있습니다. 물체의 형상을 본떠서 만들어졌다고 하는 상형자나 획수가 적은 한자들 중에 이런 유형이 많습니다.

山 → 山(산 산)
shān

ㅂ → 口(입 구)
kǒu

⊃ → 月(달 월)
yuè

⊖ → 日(해 일)
rì

그렇지만 두 가지 이상의 성분이 합쳐져서 만들어진 좀 더 복잡한 형태의 한자들은 사전을 뒤지지 않고 형태만으로 그 뜻을 추측하기는 쉽지 않습니다. '塵(티끌 진)'이라는 한자 역시 그러한데, 이 한자가 '먼지'라는 뜻을 나타낸다고 누가 가르쳐 주지 않는 한, 그 뜻이 무엇인지 알아채기는 거의 불가능합니다. 그런데 '塵'의 간체자는 획수도 획기적으로 줄었을뿐더러 글자를 잘 보면 '먼지'라는 뜻까지 알 수 있도록 만들어졌습니다.

번체자	→	간체자
塵	→	尘
진		chén

'먼지(塵)'는 결국 '작은(小) 흙(土)'이잖아요? 때문에 '小(작을 소)'와 '土(흙 토)'를 세로로 배열하여 '먼지'를 표현한 것으로 보입니다.

당신은 무엇을 하고 있어요?

你在做什么呢?

Nǐ zài zuò shénme ne?

학습 목표

전화번호를 묻고 답할 때 사용하는 문형과 진행형을 함께 학습합니다. 회화를 반복 연습하여 전화번호를 자연스럽게 말할 수 있게 되고, '~하고 있다'라는 표현의 세 가지 패턴 또한 익힙니다.

어법 사항

– 정반의문문(2): 쌍음절 서술어
– 동작의 진행 표현
– 개사 '给 gěi'

Track 10-00

30 你知不知道朴敏英的手机号码?

Nǐ zhī bu zhīdào Piáo Mǐnyīng de shǒujī hàomǎ?

당신은 박민영의 핸드폰 번호를 알아요 몰라요?

31 她的手机号码是多少?

Tā de shǒujī hàomǎ shì duōshao?

그녀의 핸드폰 번호는 몇 번이에요?

32 现在她正在上课呢。

Xiànzài tā zhèngzài shàngkè ne.

지금 그녀는 수업하고 있어요.

33 我给她发短信吧。

Wǒ gěi tā fā duǎnxìn ba.

제가 그녀에게 문자 메시지를 보낼게요.

| 陈一山
Chén Yīshān | 你知不知道朴敏英的手机号码?
Nǐ zhī bu zhīdào Piáo Mǐnyīng de shǒujī hàomǎ? |

刘子艺
Liú Zhǐyì
知道。
Zhīdào.

陈一山
Chén Yīshān
她的手机号码是多少?
Tā de shǒujī hàomǎ shì duōshao?

刘子艺
Liú Zǐyì
133-0123-4567。①
Yāo sān sān líng yāo èr sān sì wǔ liù qī.

陈一山
Chén Yīshān
谢谢你!
Xièxie nǐ!

刘子艺
Liú Zǐyì
不用谢!
Búyòng xiè!

133-0123-4567

Check Check!!! ✏️

① 전화번호는 숫자를 하나씩 따로 발음하며, 의문사는 '多少'를 사용합니다. 다만, '1'은 'yī'가 아니라 'yāo'라고 읽습니다.

☐ 知道　　　 zhīdào　　　 동 알다

☐ 手机　　　 shǒujī　　　 명 핸드폰, 휴대 전화

　 * 身份证 shēnfènzhèng　 명 신분증

　 * 学生证 xuéshēngzhèng　 명 학생증

☐ 号码　　　 hàomǎ　　　 명 번호

☐ 多少　　　 duōshao　　　 대 얼마

　 * 多 duō　 형 많다

　 * 少 shǎo　 형 적다

☐ 不用　　　 búyòng　　　 필요 없다

☐ 谢　　　　 xiè　　　　 동 감사하다

확인 문제

회화❶을 잘 읽고, 다음 문장의 옳고 그름을 판단하세요.

1 刘子艺不知道朴敏英的手机号码。　 ○ ✕

　 Liú Zǐyì bù zhīdào Piáo Mǐnyīng de shǒujī hàomǎ.

2 陈一山知道朴敏英的手机号码了。　 ○ ✕

　 Chén Yīshān zhīdào Piáo Mǐnyīng de shǒujī hàomǎ le.

Track 10-03

刘子艺 Liú Zǐyì	你在做什么呢? Nǐ zài zuò shénme ne?
陈一山 Chén Yīshān	打电话呢。 Dǎ diànhuà ne.
刘子艺 Liú Zǐyì	你在给谁打电话? Nǐ zài gěi shéi dǎ diànhuà?
陈一山 Chén Yīshān	给朴敏英。 Gěi Piáo Mǐnyīng.
刘子艺 Liú Zǐyì	现在她正在上课呢。 Xiànzài tā zhèngzài shàngkè ne.
陈一山 Chén Yīshān	哎呀! 那我给她发短信吧。 Āiyā!　Nà wǒ gěi tā fā duǎnxìn ba.

단어 ②

☐ 在　zài　튄 ~하고 있다[동작의 진행을 표시하는 부사]

☐ 呢　ne　조 진행을 표시하는 어기조사

☐ 打　dǎ　동 (전화를) 걸다, 하다

☐ 电话　diànhuà　명 전화

☐ 给　gěi　개 ~에게

☐ 正在　zhèngzài　튄 ~하고 있다[동작의 진행을 표시하는 부사]

　* 正　zhèng　튄 ~하고 있다[동작의 진행을 표시하는 부사]

☐ 哎呀　āiyā　감탄 아이고, 어머나[놀람, 의외, 아쉬움 등을 나타냄]

☐ 那　nà　접 그럼, 그렇다면

☐ 发　fā　동 발송하다, 전송하다

☐ 短信　duǎnxìn　명 문자 메시지

확인 문제

회화 ②를 잘 읽고, 다음 문장의 옳고 그름을 판단하세요.

1 陈一山正在给朴敏英打电话。　○ ✕

　Chén Yīshān zhèngzài gěi Piáo Mǐnyīng dǎ diànhuà.

2 朴敏英正在上课。　○ ✕

　Piáo Mǐnyīng zhèngzài shàngkè.

LESSON 10 당신은 무엇을 하고 있어요? 157

어법

1 정반의문문(2): 쌍음절 서술어

긍정형과 부정형을 차례대로 배열하여 만드는 정반의문문에서 쌍음절 서술어 'AB'는 다음 두 가지 패턴이 가능합니다. (정반의문문(1)은 94쪽 참조)

㉮ AB + 不 + AB

	주어	서술어 + 부정사 + 서술어	목적어	
쌍음절 동사	你 Nǐ 너	喜欢不喜欢 xǐhuan bu xǐhuan 좋아해요 안 좋아해요	她? tā? 그녀	당신은 그녀를 좋아해요 안 좋아해요?
쌍음절 형용사	你 Nǐ 너	高兴不高兴? gāoxìng bu gāoxìng? 즐거워요 안 즐거워요		당신은 즐거워요 안 즐거워요?

㉯ A + 不 + AB

	주어	서술어 + 부정사 + 서술어	목적어	
쌍음절 동사	你 Nǐ 너	喜不喜欢 xǐ bu xǐhuan 좋아해요 안 좋아해요	她? tā? 그녀	당신은 그녀를 좋아해요 안 좋아해요?
쌍음절 형용사	你 Nǐ 너	高不高兴? gāo bu gāoxìng? 즐거워요 안 즐거워요		당신은 즐거워요 안 즐거워요?

[ ] 안의 지시대로 A에 정반의문문을 넣어서 대화를 완성해 보세요.

(1) [㉮패턴 정반의문문]

   A: _____

   B: 我妈妈不年轻。Wǒ māma bù niánqīng.

(2) [㉯패턴 정반의문문]

   A: _____

   B: 我认识王老师。Wǒ rènshi Wáng lǎoshī.

2 동작의 진행 표현

동사의 앞에 '正', '在', '正在'를 넣거나, 문장의 마지막에 '呢'를 넣어서 진행형을 만들 수 있으며, '正, 在, 呢' 중 하나만 있어도 진행을 나타낼 수 있습니다. 보통 '正'은 '呢'와 함께 사용하는 경향이 강합니다.

	주어	正	在	서술어 (동사)	목적어	呢
正＋在＋동사＋呢	爸爸 Bàba	正 zhèng	在 zài	看 kàn	电视 diànshì	呢。 ne.
	→ 아빠는 (바로 지금) TV를 보고 있는 중이에요.					
동작 진행 중심	爸爸 Bàba		在 zài	看 kàn	电视。 diànshì.	
	→ 아빠는 TV를 보고 있어요.(동작에 중점)					
현재 시각 중심	爸爸 Bàba	正 zhèng		看 kàn	电视 diànshì	呢。 ne.
	→ 아빠는 지금 TV를 보고 있어요.(지금에 중점)					
	주어	부정사	在	서술어	목적어	
부정문	爸爸 Bàba	没(有) méi(yǒu)	在 zài	看 kàn	电视。 diànshì.	
	→ 아빠는 TV를 보고 있지 않아요.					

她在学习汉语。 그녀는 중국어를 공부하고 있어요.
Tā zài xuéxí Hànyǔ.

我妹妹正听音乐呢。 내 여동생은 음악을 듣고 있어요.
Wǒ mèimei zhèng tīng yīnyuè ne.

※ 진행의 부정은 대부분 진행형 질문에 대한 대답의 성격이 강합니다. 또한 '没 + 동사'는 문어체, '没 + 在 + 동사'는 구어체적인 느낌이 있습니다.

A: 爸爸在看电视吗? 아빠는 TV를 보고 계시니?
　　Bàba zài kàn diànshì ma?

B: 爸爸没(在)看电视，在看书呢。 아빠는 TV를 보지 않고, 책을 보고 계세요.
　　Bàba méi (zài) kàn diànshì, zài kàn shū ne.

단어 看 kàn 통 보다 | 电视 diànshì 명 텔레비전, TV | 听 tīng 통 듣다 | 音乐 yīnyuè 명 음악

다음 질문에 부정문으로 답해 보세요.

(1) A: 你在发短信吗? Nǐ zài fā duǎnxìn ma?

 B: _____

(2) A: 你在吃面条吗? Nǐ zài chī miàntiáo ma?

 B: _____

3 개사 '给 gěi'

'给'는 '~에게'라는 뜻으로, '给 + 대상 + 동사' 형태로 쓰여서 행위의 대상을 표시합니다. 부정사는 동사가 아니라 '给'의 앞에 옵니다.

	주어		부사어 (给 + 행위의 대상)	서술어 (동사)	목적어	
긍정문	我 Wǒ 나		给妈妈 gěi māma 엄마에게	唱 chàng 부르다	歌。 gē. 노래	나는 엄마에게 노래를 불러 드려요.
	주어	부정사	부사어	서술어	목적어	
부정문	我 Wǒ 나	不 bù ~지 않다	给妈妈 gěi māma 엄마에게	唱 chàng 부르다	歌。 gē. 노래	나는 엄마에게 노래를 불러 드리지 않아요.

她给我买了一本书。 그녀는 나에게 책을 한 권 사 주었어요.
Tā gěi wǒ mǎile yì běn shū.

他给我介绍了他的妹妹。 그는 나에게 자신의 여동생을 소개해 주었어요.
Tā gěi wǒ jièshàole tā de mèimei.

아래 두 문장의 괄호 속에 공통적으로 들어갈 수 있는 한 글자 단어를 써 보세요.

– 你在(   )谁打电话? Nǐ zài (   ) shéi dǎ diànhuà?

– 昨天他没(   )我发短信。 Zuótiān tā méi (   ) wǒ fā duǎnxìn.

단어 唱 chàng 图 (노래 등을) 부르다 ㅣ 歌(儿) gē(r) 명 노래 ㅣ 介绍 jièshào 图 소개하다

1 你的 [手机] 号码是多少?

电话 diànhuà
身份证 shēnfènzhèng
学生证 xuéshēngzhèng

2 我在给 [朴敏英] 打电话呢。

汉语老师 Hànyǔ lǎoshī
奶奶 nǎinai
中国朋友 Zhōngguó péngyou

3 现在她正在 [上课] 呢。

吃饭 chī fàn
发短信 fā duǎnxìn
做饭 zuò fàn

발음의 달인

Track 10-06

▶ 4음절 성조 읽기 연습

zhāo sān mù sì   dǎ cǎo jīng shé

gāo zhěn wú yōu   sì miàn chǔ gē

zì xiāng máo dùn   hú jiǎ hǔ wēi

táng láng bǔ chán   bēi gōng shé yǐng

Track 10-07

▶ 과일 이름으로 발음 연습

píngguǒ	xiāngjiāo	pútao	níngméng
苹果 사과	香蕉 바나나	葡萄 포도	柠檬 레몬

xīguā	tiánguā	cǎoméi	táozi
西瓜 수박	甜瓜 참외	草莓 딸기	桃子 복숭아

듣기의 달인

1 녹음을 듣고 들리는 숫자를 쓰세요.

Track 10-08

(1) _____ (2) _____ (3) _____ (4) _____

2 녹음을 듣고 각 병음의 성조를 바르게 표기하세요.

Track 10-09

(1) nuo   (2) dun   (3) lüe   (4) heng

3 녹음을 듣고 제시된 문장이 내용과 일치하면 O, 틀리면 X를 표시하세요.

Track 10-10

(1) 小刘不知道王老师的电话号码。   (   )
    Xiǎo Liú bù zhīdào Wáng lǎoshī de diànhuà hàomǎ.

(2) 妈妈正在做饭。   (   )
    Māma zhèngzài zuò fàn.

(3) 女的在给朋友打电话。   (   )
    Nǚde zài gěi péngyou dǎ diànhuà.

(4) 女的的学生证号码是15030210。   (   )
    Nǚde de xuéshēngzhèng hàomǎ shì yāo wǔ líng sān líng èr yāo líng.

(5) 小王正在上课。   (   )
    Xiǎo Wáng zhèngzài shàngkè.

▶ 아래 내용을 바탕으로, 2인 1조가 되어 서로 '大卫 Dàwèi'와 '玛丽 Mǎlì'의 역할을 바꾸어 가
며 주어진 대화를 완성해 보세요.

大卫不知道小刘的电话号码，玛丽知道小刘的电话号码。
Dàwèi bù zhīdào Xiǎo Liú de diànhuà hàomǎ, Mǎlì zhīdào Xiǎo Liú de diànhuà
hàomǎ.

小刘的电话号码是133-0123-7654。
Xiǎo Liú de diànhuà hàomǎ shì yāo sān sān líng yāo èr sān qī liù wǔ sì.

现在大卫正在给小刘打电话。
Xiànzài Dàwèi zhèngzài gěi Xiǎo Liú dǎ diànhuà.

대화

大卫 玛丽，你知不知道小刘的电话号码?

玛丽 _____

大卫 她的电话号码是多少?

玛丽 _____

大卫 谢谢你!

玛丽 _____

* 위의 대화를 완성한 후, 친구와 전화번호를 묻고 대답해 보세요.

간체자는 어떻게 만들어졌을까?(9)

1956년 '중국문자개혁위원회'에서 처음 제안했던 '한자간화방안(汉字简化方案)'은 이후 여러 차례의 시행착오와 수정 확장을 거쳐서 1964년 총 '2,238자'의 간체자가 중국 국무원의 승인을 얻어서 정식 통용되었습니다. 중국의 문맹률을 낮추는데 간체자의 제정과 보급은 상당히 큰 효과를 발휘했지만, 그 효과를 지나치게 긍정적으로 평가한 탓인지, 1977년 문자개혁위원회는 '제2차 한자간화방안'을 발표하였습니다. 그러나 이 '제2차'에 포함된 간체자들 대부분이 지나치게 극단적이고 과감하게 단순화되었기 때문에, '이런 글자도 한자라고 해야 하나?'라는 논란을 불러일으켰고, 결국 1986년 국무원의 결정으로 폐기되는 운명을 맞이하게 됩니다.

그런데 간체자라는 게 뭐가 어찌 되었든 일단 발표되어 일정 기간 통용되었는데, '우리 없었던 일로 합시다'라고 한다고 해서 쉽게 잊혀질 수 있을까요?

사실 이렇게 폐지되어야 할 운명의 간체자들이, 필기 스피드가 요구되는 선생님들의 강의 판서나 학생들의 노트 필기 등의 손글씨에서는 여전히 살아남아 있답니다. 다음 세 글자가 그 대표적인 예입니다.

정식 한자	→	제2차 한자간화방안의 간체자(폐기된 간체자)
餐 cān	→	歺 ['餐'의 왼쪽 위만 남기고 나머지는 생략한 형태의 간체자]
酒 jiǔ	→	氿 ['酒'와 발음이 같지만, 2획인 '九'를 '酉' 대신 사용한 간체자]
病 bìng	→	疒 ['病'의 테두리만 남긴 형태의 간체자]

이 파란 옷은 얼마예요?

这件蓝色的衣服多少钱?

Zhè jiàn lánsè de yīfu duōshao qián?

학습 목표

쇼핑할 때 자주 사용하는 문형과 어법을 학습합니다. 사고 싶은 물건의 가격을 묻고 답하는 방법, 중국의 화폐 단위, 마음에 들지 않을 때 사용하는 표현 등도 함께 익힙니다.

어법 사항

– '想 xiǎng'의 두 가지 용법
– 연동문(1): 목적 표시
– 조동사 '可以 kěyǐ'
– 단음절 동사의 중첩
– 가격 묻고 답하기
– '(一)点儿 (yì)diǎnr'과 '有点儿 yǒudiǎnr'

34 我想买厚一点儿的衣服。

Wǒ xiǎng mǎi hòu yìdiǎnr de yīfu.

저는 좀 두꺼운 옷을 사고 싶어요.

35 您可以试试。

Nín kěyǐ shìshi.

한번 입어 보세요.

36 这件蓝色的衣服多少钱?

Zhè jiàn lánsè de yīfu duōshao qián?

이 파란 옷은 얼마예요?

37 有点儿贵。

Yǒudiǎnr guì.

좀 비싸네요.

陈一山
Chén Yīshān
这几天天气冷了。
Zhè jǐ tiān tiānqì lěng le.

刘子艺
Liú Zǐyì
我想买厚一点儿的衣服。
Wǒ xiǎng mǎi hòu yìdiǎnr de yīfu.

陈一山
Chén Yīshān
我也想买。
Wǒ yě xiǎng mǎi.

刘子艺
Liú Zǐyì
我们一起去买吧。
Wǒmen yìqǐ qù mǎi ba.

陈一山
Chén Yīshān
什么时候去？
Shénme shíhou qù?

刘子艺
Liú Zǐyì
现在去吧。
Xiànzài qù ba.

단어 ①

☐	这几天	zhè jǐ tiān	요 며칠
☐	天气	tiānqì	몡 날씨
☐	冷	lěng	혱 춥다, 차다
	* 热 rè 혱 덥다, 뜨겁다		
☐	想	xiǎng	동 생각하다 조동 ～하고 싶다, ～하려고 하다
☐	买	mǎi	동 사다
	* 卖 mài 동 팔다		
☐	厚	hòu	혱 두껍다
☐	(一)点儿	(yì)diǎnr	수량 조금, 약간
☐	衣服	yīfu	몡 옷
☐	一起	yìqǐ	뷔 함께
☐	什么时候	shénme shíhou	때 언제

확인 문제

회화①을 잘 읽고, 다음 문장의 옳고 그름을 판단하세요.

1 最近天气冷了。　○ ✕

Zuìjìn tiānqì lěng le.

2 刘子艺想买衣服。　○ ✕

Liú Zǐyì xiǎng mǎi yīfu.

Track 11-03

刘子艺　　　这件蓝色的衣服怎么样?
Liú Zǐyì　　Zhè jiàn lánsè de yīfu zěnmeyàng?

陈一山　　　很漂亮。
Chén Yīshān　Hěn piàoliang.

售货员　　　您可以试试。
shòuhuòyuán　Nín kěyǐ shìshi.

刘子艺　　　这件多少钱?
Liú Zǐyì　　Zhè jiàn duōshao qián?

售货员　　　九百五十块。
shòuhuòyuán　Jiǔbǎi wǔshí kuài.

刘子艺　　　有点儿贵。我们再看看。
Liú Zǐyì　　Yǒudiǎnr guì.　Wǒmen zài kànkan.

☐	件	jiàn	양 윗도리를 세는 단위
☐	蓝色	lánsè	명 파란색
☐	漂亮	piàoliang	형 예쁘다, 아름답다
☐	售货员	shòuhuòyuán	명 판매원
☐	可以	kěyǐ	조동 (가능) ~할 수 있다, (권유) ~할 만하다
☐	试	shì	동 (시험 삼아) 해 보다
☐	多少钱	duōshao qián	(값이) 얼마예요?

    * 钱 qián 명 돈

☐	块	kuài	양 위안[화폐 단위 '元 yuán'의 구어체 표현]
☐	有点儿	yǒudiǎnr	부 조금, 약간
☐	贵	guì	형 비싸다

    * 便宜 piányi 형 싸다

| ☐ | 看 | kàn | 동 보다 |

확인 문제

회화②를 잘 읽고, 다음 문장의 옳고 그름을 판단하세요.

1 那件蓝色的衣服九百块。　○ ✕

  Nà jiàn lánsè de yīfu jiǔbǎi kuài.

2 刘子艺买了那件蓝色的衣服。　○ ✕

  Liú Zǐyì mǎile nà jiàn lánsè de yīfu.

어법

1 '想 xiǎng'의 두 가지 용법

동사 '想'은 '생각하다, 그리워하다', 조동사 '想'은 '~하고 싶다, ~하려고 하다'는 뜻을 나타냅니다. 둘 다 부정은 '不想'으로 합니다.

㉮ 동사 '想' + 목적어

	주어		서술어 (동사 想)	목적어	
긍정문	我 Wǒ 나		想 xiǎng 그리워하다	家。 jiā. 집	나는 집이 그리워요.
	주어	부정사	서술어	목적어	
부정문	我 Wǒ 나	不 bù ~지 않다	想 xiǎng 그리워하다	家。 jiā. 집	나는 집이 그립지 않아요.

㉯ 조동사 '想' + 동사 + 목적어

	주어		부사어 (조동사 想)	서술어 (동사)	목적어	
긍정문	我 Wǒ 나		想 xiǎng ~하고 싶다	吃 chī 먹다	饭。 fàn. 밥	나는 밥을 먹고 싶어요.
	주어	부정사	부사어	서술어	목적어	
부정문	我 Wǒ 나	不 bù ~지 않다	想 xiǎng ~하고 싶다	吃 chī 먹다	饭。 fàn. 밥	나는 밥을 먹고 싶지 않아요.

[   ] 안의 지시대로 다음 질문에 답해 보세요.

(1) A: 你星期天想不想去动物园? Nǐ xīngqītiān xiǎng bu xiǎng qù dòngwùyuán?

    B: [긍정문] _____

(2) A: 你今天想不想吃面条? Nǐ jīntiān xiǎng bu xiǎng chī miàntiáo?

    B: [부정문] _____

2 연동문(1): 목적 표시

동사(구) 두 개(또는 그 이상)의 동작을 하나의 주어가 모두 수행하는 문장을 '연동문'이라고
합니다. 목적 표시 연동문의 첫 번째 동사는 '来 /去'이고, '(두 번째 동사의 동작을) 하러 오
다/가다'는 뜻을 나타냅니다. (연동문(2)는 186쪽 참조)

	주어		서술어 (동사₁ 来/去)	목적어₁ (장소)	서술어 (동사₂)	목적어₂	
긍정문	我 Wǒ 나		去 qù 가다	(商店) (shāngdiàn) (상점)	买 mǎi 사다	衣服。 yīfu. 옷	나는 옷을 사러 (상점에) 가요.

	주어	부정사	서술어	목적어₁	서술어	목적어₂	
부정문	我 Wǒ 나	不 bú ~지 않다	去 qù 가다	(商店) (shāngdiàn) (상점)	买 mǎi 사다	衣服。 yīfu. 옷	나는 옷을 사러 (상점에) 가지 않아요.

괄호 안에 적절한 단어를 채워 문장을 완성해 보세요.

(1) 그는 우리 집에 밥을 먹으러 옵니다.

他(   )我家吃饭。 Tā (   ) wǒ jiā chī fàn.

(2) 나는 커피를 마시러 가지 않습니다.

我(   )(   )喝咖啡。 Wǒ (   )(   ) hē kāfēi.

단어 商店 shāngdiàn 몡 상점

3 조동사 '可以 kěyǐ'

'可以'는 '~할 수 있다'는 뜻을 나타내지만, 뒤에 동사의 중첩형이 오면 '~을 좀 해 보면 좋
다', '~는 좀 해 볼 만하다'라는 '권유'의 뜻을 표시합니다.

㉮ 가능: 我一分钟可以跑五百米。 나는 1분에 500미터를 달릴 수 있어요.
　　　　　 Wǒ yì fēnzhōng kěyǐ pǎo wǔbǎi mǐ.

㉯ 권유: 可以 + 동사의 중첩형
　　　　　 这本书可以看看。 이 책은 한번 읽어 볼 만해요.
　　　　　 Zhè běn shū kěyǐ kànkan.

아래 단어들을 배열하여 한국어를 중국어로 옮겨 보세요.

(1) 그녀의 노래는 한번 들어 볼 만합니다.

　　的 / 听听 / 歌儿 / 她 / 可以　　　→ _____

(2) 만 원으로 이 책을 살 수 있어요.

　　这本书 / 可以 / 一万块钱 / 买　　→ _____

단어 分钟 fēnzhōng 명 분[시간의 길이] ㅣ 跑 pǎo 통 뛰다, 달리다

4 단음절 동사의 중첩

단음절 동사를 'A + (一) + A' 패턴으로 중첩하면 '(시험 삼아) 한번 ~해 보다', '좀 ~해 보다'
는 뜻을 나타냅니다. 'A—A'일 때는 '一'가 경성(yi)으로 소리 나고, 'AA'일 때는 두 번째 동사
가 경성으로 소리 납니다.

请等一等。 좀 기다려 주세요.
Qǐng děng yi děng.

你看看那个人。 너, 저 사람 한번 봐봐.
Nǐ kànkan nàge rén.

아래 동사들을 중첩 형태로 만들어 보세요.

(1) 喝 hē → _____ (2) 试 shì → _____

(3) 想 xiǎng → _____ (4) 吃 chī → _____

단어 等 děng 통 기다리다

5 가격 묻고 답하기

중국의 화폐 단위는 문어체와 구어체가 있는데, 평소에는 주로 구어체를 사용합니다.

	1元	'1元'의 10분의 1	'1角'의 10분의 1
문어체	元 yuán	角 jiǎo	分 fēn
구어체	块 kuài	毛 máo	

㉮ 가격 묻기: 多少钱? duōshao qián? 얼마예요?

A: 这个多少钱? 이거 얼마예요?
　Zhège duōshao qián?

B: 三十五块(钱)。 35위안이에요.
　Sānshíwǔ kuài (qián).

㉯ 가격 읽기

0.5위안: 五毛 wǔ máo (= 0.5元)　　　　　10위안: 十块 shí kuài (= 10元)

100위안: 一百块 yìbǎi kuài (= 100元)

아래 가격을 중국어로 읽어 보세요.

(1) 5.53元: _____　　　(2) 10.20元: _____

(3) 1.03元: _____　　　(4) 2元: _____

---

6 '(一)点儿 (yì)diǎnr'과 '有点儿 yǒudiǎnr'

둘 다 '조금, 약간'이라는 뜻이지만, 어순, 뉘앙스의 긍정적 · 부정적인 느낌, 객관적 · 주관적
평가 등에 있어서 서로 다릅니다.

㉮ 형용사/동사 + 一点儿: 객관적 평가[±]	㉯ 有点儿 + 형용사/동사: 주관적 평가[−]
今天热一点儿。 Jīntiān rè yìdiǎnr. 오늘은 좀 더워요.(객관적 평가)	今天有点儿热。 Jīntiān yǒudiǎnr rè. 오늘 좀 덥네요.(주관적 평가: 불만)
这件衣服大一点儿。 Zhè jiàn yīfu dà yìdiǎnr. 이 옷은 좀 커요.(객관적 평가)	这件衣服有点儿大。 Zhè jiàn yīfu yǒudiǎnr dà. 이 옷은 좀 커요.(주관적 평가: 불만)

아래 예문들을 '一点儿' 또는 '有点儿'을 넣어서 바꾸어 보세요.

(1) 这件衣服很贵。 Zhè jiàn yīfu hěn guì.　　→ _____

(2) 这件衣服很便宜。 Zhè jiàn yīfu hěn piányi.　　→ _____

(3) 汉语很难。 Hànyǔ hěn nán.　　→ _____

바꾸어 말하기

Track 11-05

1 我想 买厚一点儿的衣服 。

买蓝色的衣服 mǎi lánsè de yīfu
买漂亮的衣服 mǎi piàoliang de yīfu
吃面条 chī miàntiáo

2 我们一起去 买 吧。

吃饭 chī fàn
喝咖啡 hē kāfēi
买衣服 mǎi yīfu

3 有点儿 贵 。

忙 máng
厚 hòu
遗憾 yíhàn

176 퍼스트 중국어 1

발음의 달인

Track 11-06

▶ 4음절 성조 읽기 연습

shēng yì qīng dàn   mén dāng hù duì

mén tíng ruò shì   yǐn láng rù shì

dōng chuāng shì fā   míng luò sūn shān

bān mén nòng fǔ   tiě chǔ mó zhēn

Track 11-07

▶ 의류 이름으로 발음 연습

kùzi	qúnzi	chènshān	dàyī
裤子 바지	裙子 치마	衬衫 셔츠	大衣 코트

wàzi	máoyī	bèixīn	liányīqún
袜子 양말	毛衣 스웨터	背心 조끼	连衣裙 원피스

듣기의 달인

Track 11-08

1 녹음을 듣고 들리는 숫자를 쓰세요.

(1) _____ (2) _____ (3) _____ (4) _____

Track 11-09

2 녹음을 듣고 각 병음의 성조를 바르게 표기하세요.

(1) zhou (2) xue (3) guo (4) diu

Track 11-10

3 녹음을 듣고 제시된 문장이 내용과 일치하면 O, 틀리면 X를 표시하세요.

(1) 最近韩国天气有点儿冷。 ( )
Zuìjìn Hánguó tiānqì yǒudiǎnr lěng.

(2) 女的星期六去动物园看熊猫了。 ( )
Nǚde xīngqīliù qù dòngwùyuán kàn xióngmāo le.

(3) 女的的那件衣服五百块。 ( )
Nǚde de nà jiàn yīfu wǔbǎi kuài.

(4) 现在是十二点。 ( )
Xiànzài shì shí'èr diǎn.

(5) 女的下午两点给妹妹打电话。 ( )
Nǚde xiàwǔ liǎng diǎn gěi mèimei dǎ diànhuà.

▶ 아래 내용을 바탕으로, 2인 1조가 되어 서로 '大卫 Dàwèi'와 '玛丽 Mǎlì'의 역할을 바꾸어 가며 주어진 대화를 완성해 보세요.

这几天天气冷了。
Zhè jǐ tiān tiānqì lěng le.

大卫和玛丽想买厚一点儿的衣服。
Dàwèi hé Mǎlì xiǎng mǎi hòu yìdiǎnr de yīfu.

星期天下午他们一起去买衣服了。
Xīngqītiān xiàwǔ tāmen yìqǐ qù mǎi yīfu le.

玛丽买的衣服很漂亮，可是也很贵。
Mǎlì mǎi de yīfu hěn piàoliang, kěshì yě hěn guì.

대화

玛丽 这几天天气冷了，我想买厚一点儿的衣服。

大卫 _____

玛丽 我们一起去买吧。

大卫 太好了。

玛丽 _____

大卫 星期天去吧。

* 위의 대화를 완성한 후, 자신이 사고 싶은 물건을 주제로 친구와 대화해 보세요.

어디에서 샀어요?

是在哪儿买的?

Shì zài nǎr mǎi de?

학습 목표

'어떻게'라는 수단 · 방법을 표현하는 연동문과 특정한 성분을 특별히 강조하는 '是……的'
구문을 중점적으로 학습합니다.

어법 사항

– 연동문(2): 수단 · 방법 표시
– '从 cóng' + 기점 + '到 dào' + 도달점
– 형용사 + 명사
– 강조 구문: '是 shì + 강조 성분 + …… + 的 de'

Track 12-00

38 我们怎么回学校宿舍?

Wǒmen zěnme huí xuéxiào sùshè?

우리 학교 기숙사로 어떻게 돌아가요?

39 从这儿到地铁站远不远?

Cóng zhèr dào dìtiězhàn yuǎn bu yuǎn?

여기에서 지하철역까지 멀어요 안 멀어요?

40 这是我昨天买的新衣服。

Zhè shì wǒ zuótiān mǎi de xīn yīfu.

이것은 제가 어제 산 새 옷이에요.

陈一山　　我们怎么回学校宿舍?
Chén Yīshān　Wǒmen zěnme huí xuéxiào sùshè?

刘子艺　　坐出租车回宿舍吧。
Liú Zǐyì　Zuò chūzūchē huí sùshè ba.

陈一山　　这个时间堵车，坐地铁吧。
Chén Yīshān　Zhège shíjiān dǔchē, zuò dìtiě ba.

刘子艺　　从这儿到地铁站远不远?
Liú Zǐyì　Cóng zhèr dào dìtiězhàn yuǎn bu yuǎn?

陈一山　　不远，地铁站就①在那儿。
Chén Yīshān　Bù yuǎn, dìtiězhàn jiù zài nàr.

Check Check!!!

① 부사 '就'는 바로 뒤에 오는 성분을 강조하여 '바로', '정말로', '다름 아니라' 등의 결연한 느낌을 표현합니다.

　예 他就是我哥哥。Tā jiù shì wǒ gēge. 저 사람이 바로 우리 오빠(형)예요.

　我就不信她。Wǒ jiù bú xìn tā. 나는 그녀를 정말 믿지 않아요.

단어 信 xìn 동 믿다

☐	回	huí	동 돌아가다, 돌아오다
☐	学校	xuéxiào	명 학교
☐	宿舍	sùshè	명 기숙사
☐	坐	zuò	동 앉다, (교통수단을) 타다
☐	出租车	chūzūchē	명 택시
☐	时间	shíjiān	명 시간
☐	堵车	dǔ//chē	동 차가 막히다
☐	地铁	dìtiě	명 지하철
☐	从……到……	cóng……dào……	～에서～까지
☐	地铁站	dìtiězhàn	명 지하철역
☐	远	yuǎn	형 멀다
	* 近 jìn 형 가깝다		
☐	就	jiù	부 바로, 정말로, 다름 아니라

확인 문제

회화①을 잘 읽고, 다음 문장의 옳고 그름을 판단하세요.

1 地铁站很远，刘子艺想坐出租车回宿舍。 ○ ✕

Dìtiězhàn hěn yuǎn, Liú Zǐyì xiǎng zuò chūzūchē huí sùshè.

2 陈一山不想坐出租车回宿舍。 ○ ✕

Chén Yīshān bù xiǎng zuò chūzūchē huí sùshè.

회화 ②

刘子艺 Liú Zǐyì	这是我昨天买的新衣服。 Zhè shì wǒ zuótiān mǎi de xīn yīfu.
	你看，怎么样? Nǐ kàn, zěnmeyàng?
金志龙 Jīn Zhìlóng	颜色、款式都不错。 是多少钱买的? Yánsè、kuǎnshì dōu búcuò.　Shì duōshao qián mǎi de?
刘子艺 Liú Zǐyì	五百块。 Wǔbǎi kuài.
金志龙 Jīn Zhìlóng	是在哪儿买的? Shì zài nǎr mǎi de?
刘子艺 Liú Zǐyì	西单的一个商场。 Xīdān de yí ge shāngchǎng.

단어 ②

☐ 新   xīn   형 새롭다

    * 旧 jiù 형 낡다

☐ 颜色   yánsè   명 색깔

☐ 款式   kuǎnshì   명 스타일

☐ 不错   búcuò   형 좋다, 괜찮다

☐ 是……的   shì……de   강조 구문을 만드는 문형

☐ 商场   shāngchǎng   명 쇼핑몰

고유명사

☐ 西单   Xīdān   시단[베이징에 있는 지명]

확인 문제

회화②를 잘 읽고, 다음 문장의 옳고 그름을 판단하세요.

1 刘子艺昨天没买衣服。 ○ ✕

   Liú Zǐyì zuótiān méi mǎi yīfu.

2 刘子艺的衣服是在西单买的。 ○ ✕

   Liú Zǐyì de yīfu shì zài Xīdān mǎi de.

어법

1 연동문(2): 수단 · 방법 표시

첫 번째 동사는 두 번째 동사를 수행하기 위한 수단이나 방법을 나타냅니다. 이때, 동사는 동작의 발생 시간 순서대로 배열합니다. (연동문(1)은 173쪽 참조)

㉮ 동사₁과 동사₂의 주체	동사₂를 수행하기 위한 수단 · 방법		의미의 중점	
주어	서술어 (동사₁)	목적어₁	서술어 (동사₂)	목적어₂
我 Wǒ 나	骑 qí 타다	自行车 zìxíngchē 자전거	去 qù 가다	地铁站。 dìtiězhàn. 지하철역

나는 자전거를 타고 지하철역에 갑니다. (시간 순서: 자전거 타기 → 지하철역 도착)

㉯ 완료의 '了'는 일반적으로 '동사₂' 뒤에 들어갑니다.

	주어		서술어 (동사₁)	목적어₁	서술어 (동사₂)	목적어₂	了	
긍정문	她 Tā 그녀		开 kāi 운전하다	车 chē 차	回 huí 돌아가다	宿舍 sùshè 기숙사	了。 le. (완료)	그녀는 운전해서 기숙사로 돌아갔어요.
	주어	부정사	서술어	목적어₁	서술어	목적어₂		
부정문	她 Tā 그녀	没 méi 않았다	开 kāi 운전하다	车 chē 차	回 huí 돌아가다	宿舍。 sùshè. 기숙사		그녀는 운전해서 기숙사로 돌아가지 않았어요.

㉰ 수단·방법을 묻는 의문사 '怎么'는 '동사₁'의 자리에 들어갑니다.

你怎么去地铁站? 당신은 어떻게 지하철역으로 가나요?
Nǐ zěnme qù dìtiězhàn?

다음 중국어를 한국어로 옮겨 보세요.

(1) 我坐地铁去学校。 Wǒ zuò dìtiě qù xuéxiào.

_____

(2) 他们坐出租车去动物园。 Tāmen zuò chūzūchē qù dòngwùyuán.

_____

단어 骑 qí 图 (자전거, 말 등에) 타다 ┃ 自行车 zìxíngchē 명 자전거 ┃ 开车 kāi//chē 图 운전하다

② '从 cóng' + 기점 + '到 dào' + 도달점

'从'은 시간적·공간적 기점(~에서), '到'는 시간적·공간적 도달점(~까지)을 표시합니다.

㉮ 시간

我从<u>九点</u>到<u>十点</u>上汉语课。 나는 9시부터 10시까지 중국어 수업을 해요.
Wǒ cóng jiǔ diǎn dào shí diǎn shàng Hànyǔ kè.

㉯ 공간

从<u>首尔</u>到<u>北京</u>多远? 서울에서 베이징까지는 얼마나 먼가요?
Cóng Shǒu'ěr dào Běijīng duō yuǎn?

아래 질문에 자유롭게 답해 보세요.

(1) A: 从你家到学校远吗? Cóng nǐ jiā dào xuéxiào yuǎn ma?

　　B: _____

(2) A: 从你家到地铁站远吗? Cóng nǐ jiā dào dìtiězhàn yuǎn ma?

　　B: _____

단어 首尔 Shǒu'ěr 고유 서울 I 北京 Běijīng 고유 베이징

③ 형용사 + 명사

형용사가 명사를 수식할 때는 '형용사 + 的 + 명사'가 원칙이지만, (일부) 단음절 형용사는 '的'를 필요로 하지 않습니다.

㉮ 일반 형용사 + '的' + 명사

高兴的孩子们　기뻐하는 아이들　　　美丽的公园　아름다운 공원
gāoxìng de háizimen　　　　　　　měilì de gōngyuán

㉯ (일부) 단음절 형용사 + 명사

新衣服　새 옷　　　　　　　　　　高个子　키다리(큰 키)
xīn yīfu　　　　　　　　　　　　　gāo gèzi

단어 孩子 háizi 명 어린이 I 美丽 měili 형 아름답다 I
公园 gōngyuán 명 공원 I 高 gāo 형 높다, (키가) 크다 I 个子 gèzi 명 키

다음 한국어를 중국어로 옮겨 보세요.

(1) 아름다운 학교 → _____   (2) 키가 큰 아이   → _____

(3) 새 책   → _____   (4) 좋은 친구(친한 친구) → _____

4 강조 구문: '是 shì + 강조 성분 + …… + 的 de'

'장소, 시각, 수단, 방법, 행위의 주체' 등 강조하고 싶은 성분을 '是'의 바로 뒤에 넣어서 강조 구문을 만듭니다.

	주어	是	강조 성분	기타 성분	的	
장소	我 Wǒ 나	是 shì	在学校 zài xuéxiào 학교에서	学汉语 xué Hànyǔ 중국어를 배우다	的。 de.	나는 '학교'에서 중국어를 배웠어요.
시각	她 Tā 그녀	是 shì	昨天 zuótiān 어제	来韩国 lái Hánguó 한국에 오다	的。 de.	그녀는 '어제' 한국에 왔어요.
수단	他 Tā 그	是 shì	用电脑 yòng diànnǎo 컴퓨터로	做作业 zuò zuòyè 숙제를 하다	的。 de.	그는 '컴퓨터로' 숙제를 했어요.
주체		是 shì	我 wǒ 나	开车 kāichē 운전하다	的。 de.	(다른 사람이 아니라) '내가' 차를 운전했어요.

다음 질문에 자유롭게 답해 보세요.

(1) A: 今天你是怎么来学校的? Jīntiān nǐ shì zěnme lái xuéxiào de?

    B: _____

(2) A: 昨天你是在哪儿吃晚饭的? Zuótiān nǐ shì zài nǎr chī wǎnfàn de?

    B: _____

단어 学 xué 통 배우다 ㅣ 用 yòng 통 사용하다 ㅣ 电脑 diànnǎo 명 컴퓨터 ㅣ
作业 zuòyè 명 숙제, 과제 ㅣ 晚饭 wǎnfàn 명 저녁밥

1 我想坐 出租车 回家。

　　　　地铁 dìtiě
　　　　公交车 gōngjiāochē
　　　　火车 huǒchē

2 从这儿到 地铁站 不远。

　　　　我家 wǒ jiā
　　　　学校 xuéxiào
　　　　宿舍 sùshè

3 这件衣服是 在哪儿 买的?

　　　　多少钱 duōshao qián
　　　　什么时候 shénme shíhou
　　　　谁 shéi

보충 단어

公交车 gōngjiāochē 몡 (시내)버스 | 火车 huǒchē 몡 기차

발음의 달인

Track 12-06

▶ 4음절 성조 읽기 연습

yǐ mào qǔ rén   kǒu mì fù jiàn

sān gù máo lú   sì fēn wǔ liè

guā tián lǐ xià   kōng qián jué hòu

jǔ shì zhǔ mù   shí zhǐ dà dòng

Track 12-07

▶ 교통수단 이름으로 발음 연습

gōngjiāochē	chūzūchē	fēijī	huǒchē
公交车 (시내)버스	出租车 택시	飞机 비행기	火车 기차

zìxíngchē	mótuōchē	chuán	qìchē
自行车 자전거	摩托车 오토바이	船 배	汽车 자동차

듣기의 달인

Track 12-08

1 녹음을 듣고 들리는 숫자를 쓰세요.

(1) _____ (2) _____ (3) _____ (4) _____

Track 12-09

2 녹음을 듣고 각 병음의 성조를 바르게 표기하세요.

(1) huo   (2) xian   (3) qun   (4) liao

Track 12-10

3 녹음을 듣고 제시된 문장이 내용과 일치하면 O, 틀리면 X를 표시하세요.

(1) 小王坐出租车回家。   (   )
Xiǎo Wáng zuò chūzūchē huí jiā.

(2) 从小刘家到学校很远。   (   )
Cóng Xiǎo Liú jiā dào xuéxiào hěn yuǎn.

(3) 从这儿到地铁站不太远。   (   )
Cóng zhèr dào dìtiězhàn bú tài yuǎn.

(4) 玛丽昨天没买衣服。   (   )
Mǎlì zuótiān méi mǎi yīfu.

(5) 昨天女的是在家吃饭的。   (   )
Zuótiān nǚde shì zài jiā chī fàn de.

단어 不太 bú tài 그다지 ~하지 않다

▶ 아래 내용을 바탕으로, 2인 1조가 되어 서로 '大卫 Dàwèi'와 '玛丽 Mǎlì'의 역할을 바꾸어 가며 주어진 대화를 완성해 보세요.

昨天玛丽在西单的一家商场买了一件衣服。
Zuótiān Mǎlì zài Xīdān de yì jiā shāngchǎng mǎile yí jiàn yīfu.

她买的新衣服颜色、款式都不错。
Tā mǎi de xīn yīfu yánsè、kuǎnshì dōu búcuò.

可是不便宜，是九百五十块钱买的。
Kěshì bù piányi, shì jiǔbǎi wǔshí kuài qián mǎi de.

대화

大卫 玛丽，你的这件衣服很漂亮，是什么时候买的？

玛丽 ＿＿＿＿＿＿＿＿＿＿＿＿＿＿

大卫 是在哪儿买的？

玛丽 ＿＿＿＿＿＿＿＿＿＿＿＿＿＿

大卫 是多少钱买的？

玛丽 ＿＿＿＿＿＿＿＿＿＿＿＿＿＿

* 위의 대화를 완성한 후, 자신이 구입한 물건을 주제로 친구와 대화해 보세요.

후반부

주요 어법 복습

1 의문사를 만드는 '多 duō'와 나이 묻기

㉮ '多' 의문사: 수치화할 수 있고, 임의의 기준보다 '플러스(+)'를 나타내는 단음절 형용사가 '多'와 결합한 의문사

1) **길이:** 多长? Duō cháng? 얼마나 길어요?

2) **거리:** 多远? Duō yuǎn? 얼마나 멀어요?

3) **무게:** 多重? Duō zhòng? 얼마나 무거워요?

4) **크기(나이):** 多大? Duō dà? 얼마나 커요?(나이가 어떻게 돼요?)

㉯ 나이 묻기

1) **어린이:** 你几岁? Nǐ jǐ suì? 몇 살이니?

2) **또래:** 多大? Duō dà? 나이가 어떻게 돼요?

3) **어른:** 您多大年纪 / 岁数? Nín duō dà niánjì / suìshu? 연세가 어떻게 되시나요?

2 연도 날짜 요일 및 숫자 읽기

㉮ 연도: 숫자를 하나씩 읽음

1971年: 一九七一年 yī jiǔ qī yī nián   2026年: 二零二六年 èr líng èr liù nián

㉯ 날짜: [1~12] + 月 + [1~31] + 号

날짜 묻는 방법: 几月几号? Jǐ yuè jǐ hào? 몇 월 며칠인가요?

㉰ 요일: 星期 (=礼拜 lǐbài / 周 zhōu)

월	화	수	목	금	토	일	의문사
星期一 xīngqīyī	星期二 xīngqī'èr	星期三 xīngqīsān	星期四 xīngqīsì	星期五 xīngqīwǔ	星期六 xīngqīliù	星期天 xīngqītiān (星期日) (xīngqīrì)	星期几 xīngqī jǐ

㉱ 숫자 읽기: 단위 앞의 '一'는 읽어 주고, 숫자 사이의 '0(零)'은 한 번만 읽음

1,000: 一千 yìqiān   605,007: 六十万零五千零七 liùshíwàn líng wǔqiān líng qī

3 **동등 비교문**

두 개의 비교 대상이 서로 동등함을 표시하며, A와 B의 공통 단어는 'B'에서 생략 가능

어순: | 비교 대상 A | + | 跟 | + | 비교 대상 B | + | 一样 / 不一样 |

你爸爸的年纪跟我妈妈的(年纪)一样 / 不一样。
Nǐ bàba de niánjì gēn wǒ māma de (niánjì) yíyàng / bù yíyàng.
너희 아빠 나이는 우리 엄마(나이)와 똑같아 / 달라.

4 **두 종류의 '了 le'**

㉮ 완료 표시 조사 '了₁'

1) (동작) 동사의 뒤에서 '완료'를 표시, 부정문은 '了₁'을 없애고 동사의 앞에 '没'

我去了一家咖啡店。 나는 카페 한 곳에 갔어요.
Wǒ qùle yì jiā kāfēidiàn.

我没去咖啡店。 나는 카페에 가지 않았어요.
Wǒ méi qù kāfēidiàn.

2) 목적어의 앞에 수식어가 없다면, '了₁'은 문장의 끝

我去咖啡店了。 나는 카페에 갔어요.
Wǒ qù kāfēidiàn le.

㉯ 변화의 발생을 표시하는 조사 '了₂'

문장의 끝에 써서 변화가 발생하였음을 나타냄

1) **명사술어문**: 我爸爸今年五十岁了。 우리 아빠는 올해 쉰이 되셨습니다.(49살 → 50살)
　　　　　　　　　Wǒ bàba jīnnián wǔshí suì le.

2) **형용사술어문**: 脸红了。 얼굴이 빨개졌습니다.(원래의 안색 → 빨갛게 변화)
　　　　　　　　　Liǎn hóng le.

3) **동사술어문**: 今天没有课了。 오늘 수업이 없어졌습니다.(예정된 수업 → 취소)
　　　　　　　　　Jīntiān méiyǒu kè le.

단어 红 hóng 형 빨갛다

5 '在 zài'의 두 가지 용법

다른 서술어가 없다면 '在'가 본동사, 서술어가 따로 있다면 '在'는 장소를 표시하는 개사

㉮ 동사 '在': 我在学校。 나는 학교에 있어요.
　　　　　　Wǒ zài xuéxiào.

㉯ 개사 '在': 我在学校看书。 나는 학교에서 책을 봐요.
　　　　　　Wǒ zài xuéxiào kàn shū.

6 동작의 진행 표현

어순: 주어 + ①正 zhèng + ②在 zài + 서술어(동사) + 목적어 + ③呢 ne

'正', '在', '呢' 중 하나만 있더라도 진행을 나타냄
부정문의 어순은 '没(有) + 동사' 혹은 '没(有) + 在 + 동사'

㉮ 正 + 在 + 동사 + 呢: 爸爸正在看电视呢。 아빠는 (바로 지금) TV를 보고 있는 중이에요.
　　　　　　　　　　　Bàba zhèngzài kàn diànshì ne.

㉯ 동작 진행 중심: 爸爸在看电视。 아빠는 TV를 보고 있어요.(동작에 중점)
　　　　　　　　　Bàba zài kàn diànshì.

㉰ 현재 시각 중심: 爸爸正看电视呢。 아빠는 지금 TV를 보고 있어요.(지금에 중점)
　　　　　　　　　Bàba zhèng kàn diànshì ne.

㉱ 부정문: 爸爸没(有)在看电视。 아빠는 TV를 보고 있지 않아요.
　　　　　　Bàba méi(yǒu) zài kàn diànshì.

7 개사 '给 gěi'

동사의 앞에서 행위의 대상을 표시, 부정사는 동사가 아니라 '给'의 앞

긍정문: 我给妈妈唱歌。 나는 엄마에게 노래를 불러 드려요.
　　　　Wǒ gěi māma chàng gē.

부정문: 我不给妈妈唱歌。 나는 엄마에게 노래를 불러 드리지 않아요.
　　　　Wǒ bù gěi māma chàng gē.

8 '喜欢 xǐhuan'과 '想 xiǎng'

㉮ '喜欢'의 두 가지 용법

　　1) **喜欢 + (대)명사:** ~를 좋아하다
　　　　我喜欢咖啡。 나는 커피를 좋아해요.
　　　　Wǒ xǐhuan kāfēi.

　　2) **喜欢 + 동사 + 목적어:** ~하기를 좋아하다
　　　　我喜欢喝咖啡。 나는 커피 마시는 걸 좋아해요.
　　　　Wǒ xǐhuan hē kāfēi.

㉯ '想'의 두 가지 용법

　　1) **동사 '想':** 我想家。 나는 집이 그리워요.
　　　　　　　　Wǒ xiǎng jiā.

　　2) **조동사 '想':** 我想吃饭。 나는 밥을 먹고 싶어요.
　　　　　　　　Wǒ xiǎng chī fàn.

㉰ **부정문:** '不喜欢'과 '不想'을 사용

　　1) **'喜欢'의 부정문:** 我不喜欢喝咖啡。 나는 커피 마시는 걸 좋아하지 않아요.
　　　　　　　　　Wǒ bù xǐhuan hē kāfēi.

　　2) **'想'의 부정문:** 我不想吃饭。 나는 밥을 먹고 싶지 않아요.
　　　　　　　　　Wǒ bù xiǎng chī fàn.

9 연동문

동사(구) 두 개(또는 그 이상)의 동작을 하나의 주어가 모두 수행하는 문장

㉮ 목적 표시 연동문: 첫 번째 동사에는 '来 / 去'를 써서 '(두 번째 동사의 동작을) 하러 오다/ 가다'는 뜻을 나타냄.

我去(商店)买衣服。　나는 옷을 사러 (상점에) 가요.
Wǒ qù (shāngdiàn) mǎi yīfu.

㉯ 수단 · 방법 표시 연동문

1) 첫 번째 동사가 두 번째 동사를 수행하기 위한 수단이나 방법을 나타냄

我骑自行车去地铁站。　나는 자전거를 타고 지하철역에 가요.
Wǒ qí zìxíngchē qù dìtiězhàn.

2) 완료의 '了'는 일반적으로 '동사$_2$'의 뒤

她开车回宿舍了。　그녀는 차를 운전해서 기숙사로 돌아갔어요.
Tā kāichē huí sùshè le.

10 단음절 동사[A]의 중첩

단음절 동사[A]를 'A + (一) + A' 패턴으로 중첩하면 '(시험 삼아) 한번 ~해 보다', '좀 ~해 보다'는 뜻을 나타냄

请等一等。　좀 기다려 주세요.
Qǐng děng yi děng.

你看看那个人。　너, 저 사람 한번 봐봐.
Nǐ kànkan nàge rén.

11 从 cóng + 기점 + 到 dào + 도달점

'从'은 시간적 · 공간적 기점(~부터), '到'는 시간적 · 공간적 도달점(~까지)을 표시

㉮ 시간: 你从<u>几点</u>到<u>几点</u>上课? 너는 몇 시부터 몇 시까지 수업하니?
　　　　Nǐ cóng jǐ diǎn dào jǐ diǎn shàngkè?

㉯ 공간: 我从<u>韩国</u>到<u>中国</u>坐船去。 나는 한국에서 중국까지 배를 타고 갑니다.
　　　　Wǒ cóng Hánguó dào Zhōngguó zuò chuán qù.

단어 船 chuán 閔 배[교통수단]

12 강조 구문: '是 shì + 강조 성분 + …… + 的 de'

'장소, 시각, 수단, 방법, 행위의 주체' 등 강조하고 싶은 성분은 '是'의 '바로' 뒤

어순: | 주어 | + | 是 | + | 강조 성분 | + | 기타 성분 | + | 的 |

㉮ 장소: 我是<u>在学校</u>学汉语的。 나는 '학교'에서 중국어를 배웠어요.
　　　　Wǒ shì zài xuéxiào xué Hànyǔ de.

㉯ 시각: 她是<u>昨天</u>来韩国的。 그녀는 '어제' 한국에 왔어요.
　　　　Tā shì zuótiān lái Hánguó de.

㉰ 수단: 他是<u>用电脑</u>做作业的。 그는 '컴퓨터로' 숙제를 했어요.
　　　　Tā shì yòng diànnǎo zuò zuòyè de.

㉱ 주체: 是<u>我</u>开车的。 (다른 사람이 아니라) '내가' 차를 운전했어요.
　　　　Shì wǒ kāichē de.

중국 사람의 보디랭귀지(Body Language) (2)

♣ 머리를 설레설레 젓는 동작은 '안 돼'라는 뜻일까?

머리를 가로로 젓는 동작은 우리나라에서나 중국에서나 '부정', '거절', '금지' 등을 나타내지만, 머리를 좌우로 '크게' 젓는 동작은 중국인들이 '득의양양'한 태도를 취하거나 상대방에게 '거봐! 내 말이 맞지!' 등의 느낌을 나타낼 때 자주 볼 수 있습니다. 이처럼 중국 사람은 머리를 가볍게 가로저을 때와 세차게 가로저을 때의 감정이 완전히 다르기 때문에 주의 깊게 살펴봐야 하는 보디랭귀지입니다.

♣ 자신의 머리 쪽을 가리키며 손가락을 빙빙 돌린다면?

이런 동작은 우리나라에서는 절대로 하면 안 되겠죠! 알다시피 우리나라에서는 '당신, 정말 머리가 어떻게 된 거 아니야?'라는 뜻을 나타내니까요.

그렇지만, 중국에서 이 동작은 전혀 다른 의미의 보디랭귀지입니다. '제가 지금 진지하게 생각(고민)하고 있어요'라는 뜻을 상징하기 때문입니다. 손가락으로 자신의 뇌가 빙글빙글 부지런히 회전하고 있음을 표현하고 있다고나 할까요. 필자의 주관적인 관점이기는 하지만, 중국 사람들은 이때 대부분 '두 개의 손가락'을 사용하는 것 같습니다.

♣ 선서나 맹세를 할 때는 어떻게 할까?

여러분이 선서나 맹세를 해야 한다면 어떻게 하나요?

만약 법정에서 증언해야 한다면 법전에 손을 대고 '절대로 위증을 하지 않겠습니다'라는 내용의 서약서를 읽는 형식이 될 것입니다. 기독교인이라면 하나님을 걸고 맹세하겠죠. 부처님이 되었든 하늘을 걸고 맹세를 하든, 우리나라 사람이 맹세할 때는 가슴에 손을 대거나 오른손 바닥을 상대방에게 보이게 한 채 위로 치켜올린 상태가 일반적입니다.

중국 사람도 비슷하게 하기는 합니다. 손가락 모양이 우리와 전혀 다를 뿐이죠. 중국에서 하늘에 대고 개인적으로 무엇인가를 맹세할 때, 오른손을 들고 손바닥이 앞을 향하는 것까지는 우리나라와 같습니다. 다만, 오른손 엄지와 새끼손가락을 서로 만나도록 접고, 그 사이에 있는 나머지 세 손가락만 위로 치켜세웁니다. 조금 특이한 보디랭귀지죠?

또 다른 보디랭귀지도 있습니다. 중국 공산당에 대한 입당선서나 학교나 직장 등의 조직에서 어떤 맹세를 할 때는 오른손 주먹을 꽉 움켜쥔 채 위로 치켜올리는 동작을 합니다. 이는 공산당과 조직에 대한 '전심전력을 다한 충성', '결연한 계급 투쟁의 의지' 등을 표시한답니다.

해석

LESSON 02

你好!
안녕하세요!

회화① ———————————— 34쪽

회화A

천이산　안녕!

리우쯔이　안녕!

회화B

천이산　요즘 잘 지내니?

리우쯔이　잘 지내. 너는?

천이산　나도 잘 지내.

확인 문제

1. 리우쯔이는 요즘 잘 지내지 못한다.
2. 천이산은 요즘 잘 지낸다.

회화② ———————————— 36쪽

회화A

천이산　차 마셔.

리우쯔이　고마워!

천이산　천만에!

회화B

천이산　잘 가!

리우쯔이　잘 가!

확인 문제

A: 감사합니다!

바꾸어 말하기 ———————————— 41쪽

1 안녕(하세요)!

안녕하세요!

할아버지, 안녕하세요!

할머니, 안녕하세요!

2 요즘 잘 지내요?

요즘 잘 지내십니까?

당신 아버지는 요즘 잘 지내시나요?

당신 어머니는 요즘 잘 지내시나요?

3 차 드세요.

커피 드세요.

물 드세요.

콜라 드세요.

LESSON 03

你叫什么名字?
이름이 뭐예요?

회화① ———————————— 48쪽

김지용　선생님, 안녕하세요!

왕 선생님　이름이 뭐예요?

김지용　제 이름은 김지용입니다.

　　　　선생님은 성이 어떻게 되세요?

왕 선생님　제 성은 왕이에요.

확인 문제

1. 지용이는 성이 김이다.
2. 선생님은 성이 왕이다.

회화② ———————————— 50쪽

왕 선생님　어느 나라 사람이에요?

김지용　저는 한국 사람이에요.

왕 선생님　만나서 반가워요.

김지용　저 또한 선생님을 만나 뵙게 되어 반갑습니다.

확인 문제

1. 김지용은 중국 사람이다.
2. 왕 선생님을 알게 되어 김지용은 기쁘다.

바꾸어 말하기 ——————————— 55쪽

1 **당신의 이름은 무엇입니까?**

그의 이름은 무엇입니까?

그의 아버지 이름은 무엇입니까?

그녀의 어머니 이름은 무엇입니까?

2 **당신은 어느 나라 사람입니까?**

당신은 어느 나라 사람입니까? (존칭 표현)

미스터 김은 어느 나라 사람입니까?

미스 김은 어느 나라 사람입니까?

3 **저는 한국 사람입니다.**

저는 중국 사람입니다.

저는 일본 사람입니다.

저는 미국 사람입니다.

LESSON 04

这个人是谁?
이 사람은 누구예요?

회화① ——————————— 62쪽

천이산 　이게 너희 집 가족사진이야?

박민영 　맞아. 이쪽은 우리 아빠, 이쪽은 우리 엄마야.

천이산 　너는 어디에 있어?

박민영 　나는 여기에 있어.

확인 문제

1. 이것은 박민영네 가족사진이다.
2. 이것은 천이산네 가족사진이 아니다.

회화② ——————————— 64쪽

천이산 　이 사람은 누구야?

박민영 　그녀는 우리 언니야.

천이산 　너희 언니는 너희 엄마를 닮았구나.

박민영 　맞아. 나는 아빠를 닮았고, 우리 언니는 엄마를 닮았어.

확인 문제

1. 박민영은 그녀의 아빠를 닮지 않았다.
2. 박민영의 언니는 그녀의 엄마를 닮았다.

바꾸어 말하기 ——————————— 69쪽

1 **저는 여기에 있습니다.**

저는 집에 있습니다.

저는 우리 누나(언니) 집에 있습니다.

저는 도서관에 있습니다.

2 **이것은 당신 집의 가족사진입니까?**

이것은 당신의 우유입니까?

이것은 당신 형(오빠)의 차입니까?

이것은 당신 누나(언니)의 콜라입니까?

3 **저는 우리 아빠를 닮았습니다.**

저는 우리 할아버지를 닮았습니다.

저는 우리 할머니를 닮았습니다.

저는 우리 형(오빠)을 닮았습니다.

LESSON 05

你家有几口人?
당신 집은 몇 식구인가요?

회화① ——————————— 76쪽

리우쯔이 　너네 집은 몇 식구야?

해석

김지용　네 식구야. 아니, 다섯 식구야.
리우쯔이　모두 어떤 사람들이 있어?
김지용　할머니, 아빠, 엄마 그리고 나. 또 강아지도 한 마리 있어.

확인 문제

1. 김지용네는 네 식구다.
2. 김지용네는 강아지가 없다.

회화② —————————— 78쪽

리우쯔이　너희 아빠는 무슨 일을 하시니?
김지용　우리 아빠는 요리사야. 너희 아빠는?
리우쯔이　우리 아빠는 선생님이야.
김지용　뭐 가르치시는데?
리우쯔어　학생에게 영어를 가르치셔.

확인 문제

1. 김지용의 아빠는 요리사다.
2. 리우쯔이의 아빠는 중국어 선생님이다.

바꾸어 말하기 —————————— 83쪽

1 당신 집은 몇 식구입니까?

선생님 집은 몇 식구입니까?
미스터 천 집은 몇 식구입니까?
미스 리우 집은 몇 식구입니까?

2 우리 아빠는 요리사입니다.

우리 할아버지는 의사입니다.
그의 형(오빠)은 변호사입니다.
미스터 박은 작가입니다.

3 그는 학생에게 영어를 가르칩니다.

그는 학생에게 중국어를 가르칩니다.
그는 학생에게 일본어를 가르칩니다.
그는 학생에게 한국어를 가르칩니다.

회화의 달인 —————————— 86쪽

데이비드네는 다섯 식구인데, 할머니, 아빠, 엄마, 남동생 한 명 그리고 데이비드입니다.
데이비드의 엄마는 기자입니다.
마리네는 여섯 식구인데, 아빠, 엄마, 오빠 두 명, 여동생 한 명 그리고 마리입니다.
마리의 엄마는 간호사입니다.

LESSON 06

现在几点?
지금 몇 시예요?

회화① —————————— 90쪽

천이산　너는 오전에 수업이 있니 없니?
박민영　수업이 있어.
천이산　몇 시에 수업 시작해?
박민영　9시.
천이산　몇 시에 수업 끝나?
박민영　오후 1시 50분.

확인 문제

1. 박민영은 오전에 수업이 없다.
2. 박민영은 오후 2시에 수업이 끝난다.

회화② —————————— 92쪽

천이산　지금 몇 시야?
리우쯔이　6시 5분 전이야.
천이산　우리 몇 시에 밥 먹을까?
리우쯔이　6시 반에 먹자.
천이산　뭐 먹을까?
리우쯔이　국수 먹자.

확인 문제

1. 천이산과 리우쯔이는 6시 반에 밥을 먹는다.

2. 천이산과 리우쯔이는 국수를 먹는다.

바꾸어 말하기 ——————————————— 98쪽

1 당신은 오전에 수업이 있나요 없나요?

당신은 오전에 중국어 수업이 있나요 없나요?

당신은 오전에 영어 수업이 있나요 없나요?

당신은 오전에 한국어 수업이 있나요 없나요?

2 지금은 1시 50분입니다.

지금은 2시 5분입니다.

지금은 3시 5분 전입니다.(2시 55분)

지금은 4시 반입니다.

3 우리 몇 시에 밥을 먹을까요?

우리 몇 시에 중국어 수업을 시작해요?

우리 몇 시에 수업을 마쳐요?

우리 몇 시에 차를 마실까요?

회화의 달인 ——————————————— 101쪽

데이비드는 오전 8시에 수업이 있고, 마리는 오전 10시에 수업이 있습니다.

오후에는 두 사람 모두 수업이 없습니다.

데이비드는 오후 1시에 점심을 먹고, 마리는 오후 2시에 점심을 먹습니다.

LESSON 07

你今年多大了?
올해 몇 살이 되었나요?

회화① ——————————————— 112쪽

왕 선생님 올해 몇 살이 됐나요?

김지용 20살 됐어요.

왕 선생님 무슨 띠예요?

김지용 말띠예요. 선생님은 연세가 어떻게 되세요?

왕 선생님 49살 됐어요.

김지용 정말 젊으세요. 49세처럼 안 보이세요.

확인 문제

1. 김지용은 올해 20살이 되었다.

2. 김지용은 말띠가 아니다.

회화② ——————————————— 114쪽

왕 선생님 김 군은 중국어를 잘 하네요.

김지용 천만에요!

왕 선생님 중국어 공부하는 걸 좋아하나요?

김지용 매우 좋아해요.

왕 선생님 중국어가 어렵지 않나요?

김지용 어려워요. 그렇지만 매우 재미있어요.

확인 문제

1. 김지용은 중국어 공부하는 것을 좋아하지 않는다.

2. 김지용은 중국어를 잘한다.

바꾸어 말하기 ——————————————— 119쪽

1 당신은 올해 몇 살이 되었습니까?

미스터 김은 올해 몇 살이 되었습니까?

당신 누나(언니)는 올해 몇 살이 되었습니까?

미스 박은 올해 몇 살이 되었습니까?

2 저는 말띠입니다.

중국어 선생님은 쥐띠입니다.

영어 선생님은 원숭이띠입니다.

우리 엄마는 소띠입니다.

3 당신은 중국어 공부하는 것을 좋아합니까?

당신은 중국어 수업하는 것을 좋아합니까?

해석

당신은 국수 먹는 것을 좋아합니까?

당신은 차 마시는 것을 좋아합니까?

회화의 달인 ———————— 122쪽

데이비드는 올해 25살이고, 소띠입니다.

마리는 올해 24살이고, 호랑이띠입니다.

두 사람 모두 중국어 공부하는 것을 좋아합니다.

LESSON 08

你的生日是几月几号?
생일이 몇 월 며칠이에요?

회화① ———————————— 126쪽

김지용   오늘 며칠이지?

리우쯔이   오늘은 28일이야.

김지용   오늘 무슨 요일이야?

리우쯔이   금요일이야.

김지용   우리 내일 만리장성에 가는 거, 어때?

리우쯔이   찬성이야.

확인 문제

1. 오늘은 28일이다.

2. 오늘은 일요일이다.

회화② ———————————— 128쪽

김지용   네 생일은 몇 월 며칠이야?

리우쯔이   10월 24일이야.

김지용   정말이니?

리우쯔이   정말이야. 왜 그러는데?

김지용   네 생일이 우리 엄마 생일과 같아.

리우쯔이   정말 공교롭다!

확인 문제

1. 리우쯔이의 생일은 10월 24일이다.

2. 리우쯔이의 생일은 그녀의 엄마 생일과 같다.

바꾸어 말하기 ———————— 134쪽

1 오늘은 금요일입니다.

오늘은 수요일입니다.

오늘은 토요일입니다.

오늘은 일요일입니다.

2 제 생일은 10월 24일입니다.

제 생일은 1월 15일입니다.

제 생일은 3월 8일입니다.

제 생일은 12월 20일입니다.

3 우리 내일 만리장성에 가는 거, 어때?

우리 지금 도서관에 가는 거, 어때?

너희들 중국어 공부하는 거, 어때?

우리 오늘 국수 먹는 거, 어때?

회화의 달인 ———————— 137쪽

오늘은 3월 19일, 금요일입니다.

내일은 데이비드의 생일입니다.

데이비드의 생일은 그의 아빠 생일과 같습니다.

LESSON 09

你昨天去哪儿了?
어제 어디에 갔었나요?

회화① ———————————— 140쪽

천이산   너 어제 어디에 갔었니?

리우쯔이   외국 친구들과 동물원에 갔었어.

천이산　너는 외국 친구가 전부 몇 명 있어?

리우쯔이　네 명.

천이산　그들은 모두 한국 사람이지?

리우쯔이　아니. 한 명은 미국 사람이고, 세 명이 한국
　　　　 사람이야.

확인 문제

1. 리우쯔이는 어제 동물원에 갔었다.

2. 리우쯔이는 한국 친구가 없다.

회화② ——————————— 142쪽

천이산　너는 무슨 동물을 제일 좋아하니?

리우쯔이　판다.

천이산　너는 어제 동물원에서 판다를 봤어?

리우쯔이　못 봤어.

천이산　너무 안타깝다!

확인 문제

1. 리우쯔이는 판다를 좋아하지 않는다.

2. 리우쯔이는 어제 동물원에서 판다를 보지 못했다.

바꾸어 말하기 ——————————— 147쪽

1 **저는 어제 동물원에 갔습니다.**

　저는 어제 중국차를 마셨습니다.

　저는 어제 판다를 봤습니다.

　저는 어제 중국어 수업을 했습니다.

2 **저는 어제 동물원에 가지 않았습니다.**

　저는 어제 밥을 먹지 않았습니다.

　저는 어제 커피를 마시지 않았습니다.

　저는 어제 중국어 선생님을 보지 못했습니다.

3 **저는 판다를 제일 좋아합니다.**

　저는 작은 동물을 제일 좋아합니다.

　저는 동물원에 가는 걸 제일 좋아합니다.

　저는 일요일을 제일 좋아합니다.

회화의 달인 ——————————— 150쪽

어제 마리는 그녀의 외국 친구들과 동물원에 갔습니다.
마리는 판다를 제일 좋아하지만, 어제 동물원에서 판다
를 보지 못했습니다.
너무 아쉬웠습니다.

LESSON 10

你在做什么呢?
당신은 무엇을 하고 있어요?

회화① ——————————— 154쪽

천이산　너는 박민영의 핸드폰 번호를 아니 모르니?

리우쯔이　알아.

천이산　민영이의 핸드폰 번호가 몇 번이야?

리우쯔이　133-0123-4567이야.

천이산　고마워.

리우쯔이　천만에.

확인 문제

1. 리우쯔이는 박민영의 핸드폰 번호를 모른다.

2. 천이산은 박민영의 핸드폰 번호를 알게 되었다.

회화② ——————————— 156쪽

리우쯔이　너 뭐 하고 있어?

천이산　전화하고 있어.

리우쯔이　누구에게 전화하고 있는데?

천이산　박민영에게.

리우쯔이　지금 민영이는 수업 듣고 있을텐데.

천이산　아이고! 그럼 민영이에게 문자를 보내야겠다.

해석

확인 문제

1. 천이산은 박민영에게 전화를 하고 있다.
2. 박민영은 수업을 듣고 있다.

바꾸어 말하기 ───────── 161쪽

1 당신의 핸드폰 번호는 몇 번입니까?

당신의 전화번호는 몇 번입니까?

당신의 신분증 번호는 몇 번입니까?

당신의 학생증 번호는 몇 번입니까?

2 저는 박민영에게 전화하고 있습니다.

저는 중국어 선생님에게 전화하고 있습니다.

저는 할머니에게 전화하고 있습니다.

저는 중국 친구에게 전화하고 있습니다.

3 지금 그녀는 수업하고 있습니다.

지금 그녀는 밥을 먹고 있습니다.

지금 그녀는 문자를 보내고 있습니다.

지금 그녀는 밥을 하고 있습니다.

회화의 달인 ───────── 164쪽

데이비드는 샤오리우의 전화번호를 모르지만, 마리는 샤오리우의 전화번호를 압니다.

샤오리우의 전화번호는 133-0123-7654번입니다.

지금 데이비드는 샤오리우에게 전화를 걸고 있습니다.

LESSON 11

这件蓝色的衣服多少钱?

이 파란 옷은 얼마예요?

회화① ───────── 168쪽

천이산　요 며칠 날씨가 추워졌어.

리우쯔이　나는 좀 두꺼운 옷을 사고 싶은데.

천이산　나도 사고 싶어.

리우쯔이　우리 같이 사러 가자.

천이산　언제 갈까?

리우쯔이　지금 가자.

확인 문제

1. 최근 날씨가 추워졌다.
2. 리우쯔이는 옷을 사고 싶어 한다.

회화② ───────── 170쪽

리우쯔이　이 파란색 옷은 어때?

천이산　아주 예쁜데.

판매원　한번 입어 보세요.

리우쯔이　이 옷은 얼마예요?

판매원　950위안입니다.

리우쯔이　좀 비싸네요. 우리 좀 더 볼게요.

확인 문제

1. 그 파란색 옷은 900위안이다.
2. 리우쯔이는 그 파란색 옷을 샀다.

바꾸어 말하기 ───────── 176쪽

1 저는 좀 두꺼운 옷을 사고 싶습니다.

저는 파란색 옷을 사고 싶습니다.

저는 예쁜 옷을 사고 싶습니다.

저는 국수를 먹고 싶습니다.

2 우리 함께 사러 갑시다.

우리 함께 식사하러 갑시다.

우리 함께 커피 마시러 갑시다.

우리 함께 옷 사러 갑시다.

3 좀 비쌉니다.

좀 바쁩니다.

좀 두껍습니다.

좀 유감입니다.

회화의 달인 ——————————— 179쪽

요 며칠 날씨가 추워졌습니다.
데이비드와 마리는 좀 두꺼운 옷을 사고 싶어 합니다.
일요일 오후 그들은 함께 옷을 사러 갔습니다.
마리가 산 옷은 예쁘기는 하지만, 비싸기도 합니다.

LESSON 12

是在哪儿买的?
어디에서 샀어요?

회화① ——————————— 182쪽

천이산   우리 학교 기숙사로 어떻게 돌아가지?

리우쯔이   택시를 타고 기숙사로 돌아가자.

천이산   이 시간에는 차가 막히니까, 지하철을 타자.

리우쯔이   여기에서 지하철역까지 멀어 안 멀어?

천이산   멀지 않아. 지하철역은 바로 저기에 있어.

확인 문제

1. 지하철역이 멀어서, 리우쯔이는 택시를 타고 기숙사로 돌아가고 싶어 한다.
2. 천이산은 택시로 기숙사에 돌아가고 싶어 하지 않는다.

회화② ——————————— 184쪽

리우쯔이   이건 내가 어제 산 새 옷이야. 봐봐, 어때?

김지용   색깔, 스타일 다 괜찮네. 얼마에 샀어?

리우쯔이   500위안.

김지용   어디에서 샀어?

리우쯔이   시단의 한 쇼핑몰에서.

확인 문제

1. 리우쯔이는 어제 옷을 사지 않았다.
2. 리우쯔이의 옷은 시단에서 산 것이다.

바꾸어 말하기 ——————————— 189쪽

1   **저는 택시를 타고 집으로 가고 싶습니다.**

저는 지하철을 타고 집으로 가고 싶습니다.

저는 버스를 타고 집으로 가고 싶습니다.

저는 기차를 타고 집으로 가고 싶습니다.

2   **여기에서 지하철역까지 멀지 않습니다.**

여기에서 우리 집까지 멀지 않습니다.

여기에서 학교까지 멀지 않습니다.

여기에서 기숙사까지 멀지 않습니다.

3   **이 옷은 어디에서 샀습니까?**

이 옷은 얼마에 샀습니까?

이 옷은 언제 샀습니까?

이 옷은 누가 샀습니까?

회화의 달인 ——————————— 192쪽

어제 마리는 시단의 한 쇼핑몰에서 옷을 한 벌 샀습니다.
그녀가 산 새 옷은 색깔, 스타일 모두 괜찮았습니다.
그러나 싸지는 않아서, 950위안이나 주고 샀습니다.

LESSON 02

你好!
안녕하세요!

회화① 확인 문제 ——————— 35쪽

1. X
2. O

회화② 확인 문제 ——————— 37쪽

B: 不客气!

어법 ——————— 38~40쪽

2 (1) 老师，您好! / 老师好!
  (2) 再见!

3 [긍정문] 他很好。
  [부정문] 他不好。

5 我喝茶。
  他不喝(茶)。

듣기의 달인 ——————— 43쪽

1 (1) 5   (2) 3
  (3) 1   (4) 0

> 녹음 원문
> (1) 五   (2) 三
> (3) 一   (4) 零

2 (1) nín   (2) jiě
  (3) shēng   (4) hàn

3 (1) ②   (2) ①

> 녹음 원문
> (1) 谢谢!
> (2) 你好!

회화의 달인 ——————— 44쪽

(1) A: 再见!
  B: 再见!
(2) A: 请喝茶!
  B: 谢谢!
  A: 不客气!
(3) A: 爸爸，您最近好吗?
  B: 我很好。

LESSON 03

你叫什么名字?
이름이 뭐예요?

회화① 확인 문제 ——————— 49쪽

1. O
2. O

회화② 확인 문제 ——————— 51쪽

1. X
2. O

어법 ——————— 52~54쪽

2 (1) ② 您贵姓?
  (2) ① 你叫什么名字?

4 (1) 你是哪国人?
  (2) 你是老师吗?

듣기의 달인 — 57쪽

1 (1) 9   (2) 6
    (3) 7   (4) 2

> **녹음 원문**
> (1) 九   (2) 六
> (3) 七   (4) 二

2 (1) hǎo   (2) xiè
    (3) zuì   (4) máng

3 (1) ②   (2) ①

> **녹음 원문**
> (1) 他妈妈不是日本人，是中国人。
> (2) 认识金志龙，王老师很高兴。

회화의 달인 — 58쪽

참고답안 [大卫 Dàwèi]

A: 你叫什么名字?
B: 我叫大卫。
A: 你是哪国人?
B: 我是美国人。
A: 认识你，很高兴。
B: 认识你，我也很高兴。

LESSON 04

这个人是谁?
이 사람은 누구예요?

회화① 확인 문제 — 63쪽

1. O   2. O

회화② 확인 문제 — 65쪽

1. X   2. O

어법 — 66~68쪽

3 (1) 他在哪儿?
    (2) 你爸爸在家吗?

5 (1) 那个人是谁?
    (2) 那位先生是谁?

듣기의 달인 — 71쪽

1 (1) 53   (2) 79
    (3) 65   (4) 41

> **녹음 원문**
> (1) 五十三   (2) 七十九
> (3) 六十五   (4) 四十一

2 (1) sūn   (2) huǒ
    (3) diàn   (4) yīn

3 (1) ①   (2) ②

> **녹음 원문**
> (1) 这是我家的全家福。
> (2) 这是我哥哥。

회화의 달인 — 72쪽

대화①

玛丽: 这是你家的全家福吗?
大卫: 对。这是我家的全家福。
玛丽: 你在哪儿?
大卫: 我在这儿。
玛丽: 你像谁?
大卫: 我像我爸爸。

정답

대화②

大卫: 这是你的全家福吗?

玛丽: 对。这是我家的全家福。

大卫: 你在哪儿?

玛丽: 我在这儿。

大卫: 你像谁?

玛丽: 我像我妈妈。

LESSON 05

你家有几口人?
당신 집은 몇 식구인가요?

회화① 확인 문제 ——— 77쪽

1. X　　　　　2. X

회화② 확인 문제 ——— 79쪽

1. O　　　　　2. X

어법 ——— 80~82쪽

1 ④

2 你家有小狗吗?

你家有几只小狗?

4 你爸爸妈妈是老师吗?

你爸爸妈妈教学生什么?

듣기의 달인 ——— 85쪽

1 (1) 97　　　(2) 35

(3) 54　　　(4) 18

> **녹음 원문**
> (1) 九十七　　(2) 三十五
> (3) 五十四　　(4) 十八

2 (1) líng　　(2) liǎng

(3) shòu　　(4) zhě

3 (1) ①　　　(2) ①

> **녹음 원문**
> (1) 王老师家有两只小狗。
> (2) A: 陈先生家有几口人?
>   B: 他家有四口人。

회화의 달인 ——— 86쪽

대화①

玛丽: 你家有几口人?

大卫: 我家有五口人。

玛丽: 都有什么人?

大卫: 奶奶、爸爸、妈妈、一个弟弟和我。

玛丽: 你妈妈做什么工作?

大卫: 她是记者。

대화②

大卫: 你家有几口人?

玛丽: 我家有六口人。

大卫: 都有什么人?

玛丽: 爸爸、妈妈、两个哥哥、一个妹妹和我。

大卫: 你妈妈做什么工作?

玛丽: 她是护士。

LESSON 06

现在几点?
지금 몇 시예요?

회화① 확인 문제 ———————— 91쪽

1. X   2. X

회화② 확인 문제 ———————— 93쪽

1. O   2. O

어법 ———————— 94~97쪽

2 (1) 你上午有没有汉语课?

    (2) 你喝不喝可乐?

4 (1) 现在几点?

    (2) 你几点吃饭?

5 (1) 学生们

    (2) 老师们

    (3) 厨师们

    (4) 人们

듣기의 달인 ———————— 100쪽

1 (1) 88   (2) 25

    (3) 17   (4) 63

> 녹음 원문
>
> (1) 八十八   (2) 二十五
>
> (3) 十七   (4) 六十三

2 (1) xióng   (2) lěng

    (3) piào   (4) yán

3 (1) ②   (2) ①

> 녹음 원문
>
> (1) 上午我没有课，我在家。
>
> (2) A: 你几点吃饭?
>
>   B: 下午两点。

회화의 달인 ———————— 101쪽

대화 ①

  玛丽: 你几点有课?

  大卫: 上午八点。

  玛丽: 下午呢?

  大卫: 下午没有课。

  玛丽: 你几点吃午饭?

  大卫: 下午一点。

대화 ②

  大卫: 你几点有课?

  玛丽: 上午十点。

  大卫: 下午呢?

  玛丽: 下午没有课。

  大卫: 你几点吃午饭?

  玛丽: 下午两点。

LESSON 07

你今年多大了?
올해 몇 살이 되었나요?

회화① 확인 문제 ———————— 113쪽

1. O   2. X

회화② 확인 문제 ———————— 115쪽

1. X   2. O

정답

어법 ——————————— 116~118쪽

1 (1) 多长

　　(2) 多重

　　(3) 多大

2 (1) 你爷爷今年多大年纪(了)? /

　　　你爷爷今年多大岁数(了)?

　　(2) 你弟弟今年几岁(了)?

3 (1) 지금 몇 시나 되었나요?

　　(2) 그는 선생님이 되었습니다.

4 (1) 我不喜欢在家。

　　(2) 我不喜欢上英语课。

듣기의 달인 ——————————— 121쪽

1 (1) 417　　　　　(2) 522

　　(3) 108　　　　　(4) 333

> **녹음 원문**
> (1) 四百一十七　　(2) 五百二十二
> (3) 一百零八　　　(4) 三百三十三

2 (1) yuǎn　　　　(2) cóng

　　(3) zū　　　　　(4) zhǐ

3 (1) X　　　　　(2) X

　　(3) O　　　　　(4) O

　　(5) X

> **녹음 원문**
> (1) 남: 金先生属狗吗?
> 　　여: 对，他属狗。
> (2) 남: 你爷爷多大年纪了?
> 　　여: 八十一岁了。
> (3) 남: 你喜欢学习什么?
> 　　여: 汉语、英语我都喜欢学习。
> (4) 남: 朴小姐，你的汉语很好。
> 　　여: 金先生，你的汉语也很好。

> (5) 남: 你的汉语老师年轻吗?
> 　　여: 不年轻，他今年五十五岁了。

회화의 달인 ——————————— 122쪽

대화 ①

玛丽: 你今年多大了?

大卫: 二十五岁了。

玛丽: 你属什么?

大卫: 属牛。

玛丽: 你喜欢学习汉语吗?

大卫: 很喜欢。

대화 ②

大卫: 你今年多大了?

玛丽: 二十四岁了。

大卫: 你属什么?

玛丽: 属虎。

大卫: 你喜欢学习汉语吗?

玛丽: 很喜欢。

LESSON 08

你的生日是几月几号?
생일이 몇 월 며칠이에요?

회화① 확인 문제 ——————————— 127쪽

1.　O　　　　　　　　2.　X

회화② 확인 문제 ——————————— 129쪽

1.　O　　　　　　　　2.　X

어법 ——————————— 130~133쪽

1 (1) ① 一月一号是星期几?

② 星期天是几月几号?

(2) ① 两万五千零九

② 二零三零年

2 你们下午来我家，怎么样?

3 (1) 我的生日跟我爸爸的(生日)一样。/

我的生日跟我爸爸的(生日)不一样。

(2) 我爸爸的生日跟我爷爷的(生日)一样。/

我爸爸的生日跟我爷爷的(生日)不一样。

4 你妈妈真漂亮!

듣기의 달인 ——————————— 136쪽

1 (1) 269   (2) 103

(3) 817   (4) 412

녹음 원문	
(1) 二百六十九	(2) 一百零三
(3) 八百一十七	(4) 四百一十二

2 (1) juān   (2) jùn

(3) xuǎn   (4) yún

3 (1) O   (2) O

(3) X   (4) X

(5) X

녹음 원문

(1) 남: 明天几号?

여: 十四号。

(2) 남: 金厨师明天去哪儿?

여: 去中国。

(3) 남: 王老师的生日是几月几号?

여: 五月三十号。

(4) 남: 星期天是几号?

여: 八号。

(5) 남: 十二月二十五号是星期三吗?

여: 不是，是星期二。

회화의 달인 ——————————— 137쪽

玛丽: 大卫，你的生日是几月几号?

大卫: 三月二十号。

玛丽: 你爸爸的生日呢?

大卫: 我爸爸的生日跟我的(生日)一样。

玛丽: 真的假的?

大卫: 真的。

LESSON 09

你昨天去哪儿了?
어제 어디에 갔었나요?

회화① 확인 문제 ——————————— 141쪽

1. O   2. X

회화② 확인 문제 ——————————— 143쪽

1. X   2. O

어법 ——————————— 144~146쪽

1 (1) 我昨天没喝咖啡。

(2) 我昨天没吃面条。

2 在 zài

3 (1) 他/她的汉语太好了。

(2) 汉语太有意思了。

듣기의 달인 ——————————————— 149쪽

1 (1) 365   (2) 712

(3) 130   (4) 225

녹음 원문
(1) 三百六十五   (2) 七百一十二
(3) 一百三   (4) 二百二十五

2 (1) biàn   (2) kūn

(3) jué   (4) xùn

3 (1) X   (2) X

(3) O   (4) X

(5) O

녹음 원문
(1) 여: 小陈，你昨天去哪儿了？
남: 我去朋友家了。
(2) 여: 小刘，你有外国朋友吗？
남: 有，我有两个日本朋友和一个韩国
朋友。
(3) 여: 你喜欢什么动物？
남: 我最喜欢小狗。
(4) 여: 昨天你去动物园了吗？
남: 没去。明天去。
(5) 여: 你爸爸妈妈最近好吧？
남: 他们都很好。

회화의 달인 ——————————————— 150쪽

大卫: 玛丽，昨天你去哪儿了？

玛丽: 我(和外国朋友们)去动物园了。

大卫: 你最喜欢什么动物？

玛丽: 熊猫。

大卫: 昨天你在动物园看见熊猫了吗？

玛丽: 没看见。

LESSON 10

你在做什么呢?
당신은 무엇을 하고 있어요?

회화① 확인 문제 ——————————— 155쪽

1. X   2. O

회화② 확인 문제 ——————————— 157쪽

1. O   2. O

어법 ————————————————— 158~160쪽

1 (1) 你妈妈年轻不年轻？

(2) 你认不认识王老师？

2 (1) 我没在发短信。

(2) 我没在吃面条。

3 给 gěi

듣기의 달인 ——————————————— 163쪽

1 (1) 1111   (2) 1052

(3) 1369   (4) 1778

녹음 원문
(1) 一千一百一十一   (2) 一千零五十二
(3) 一千三百六十九   (4) 一千七百七十八

2 (1) nuò   (2) dùn

(3) lüè   (4) héng

3 (1) O   (2) O

(3) X   (4) X

(5) O

녹음 원문

(1) 남: 小刘，你知道王老师的电话号码吗?

　　여: 我不知道，小朴知道。

(2) 남: 妈妈，您做什么呢?

　　여: 正在做饭呢。

(3) 남: 你在给谁发短信?

　　여: 给朋友。

(4) 남: 你的学生证号码是多少?

　　여: 15030201。

(5) 남: 小王呢? 他在哪儿?

　　여: 他在上英语课呢。

회화의 달인 ——————— 164쪽

大卫: 玛丽，你知不知道小刘的电话号码?

玛丽: 知道。

大卫: 她的电话号码是多少?

玛丽: 133-0123-7654。

大卫: 谢谢你!

玛丽: 不用谢!

LESSON 11

这件蓝色的衣服多少钱?
이 파란 옷은 얼마예요?

회화① 확인 문제 ——————— 169쪽

1. O　　　　　　　2. O

회화② 확인 문제 ——————— 171쪽

1. X　　　　　　　2. X

어법 ——————— 172~175쪽

1 (1) 我星期天想去动物园。

　　(2) 我今天不想吃面条。

2 (1) 来 lái　　　(2) 不, 去 bú, qù

3 (1) 她的歌儿可以听听。

　　(2) 一万块钱可以买这本书。

4 (1) 喝一喝 / 喝喝　　(2) 试一试 / 试试

　　(3) 想一想 / 想想　　(4) 吃一吃 / 吃吃

5 (1) 五块五毛三(分)

　　(2) 十块两毛 / 十块二

　　(3) 一块零三(分)

　　(4) 两块

6 (1) 这件衣服有点儿贵。

　　(2) 这件衣服便宜一点儿。

　　(3) 汉语有点儿难。

듣기의 달인 ——————— 178쪽

1 (1) 2257　　　　(2) 2469

　　(3) 2903　　　　(4) 2112

녹음 원문

(1) 两千两百五十七　(2) 两千四百六十九

(3) 两千九百零三　(4) 两千一百一十二

2 (1) zhōu　　　　(2) xué

　　(3) guò　　　　(4) diū

3 (1) O　　　　　(2) X

　　(3) O　　　　　(4) O

　　(5) X

녹음 원문

(1) 남: 这几天韩国天气怎么样?
    여: 有点儿冷。

(2) 남: 星期六你想做什么?
    여: 我想去动物园看熊猫。

(3) 남: 你的那件衣服多少钱?
    여: 不贵，五百块。

(4) 남: 十二点了，我们一起去吃饭吧。
    여: 好，现在就去。

(5) 남: 你什么时候给你姐姐打电话?
    여: 下午两点。

회화의 달인 ———————— 179쪽

玛丽: 这几天天气冷了，我想买厚一点儿的衣服。
大卫: 我也想买。
玛丽: 我们一起去买吧。
大卫: 太好了。
玛丽: (我们)什么时候去?
大卫: 星期天去吧。

LESSON 12

是在哪儿买的?
어디에서 샀어요?

회화① 확인 문제 ———————— 183쪽

1. X   2. O

회화② 확인 문제 ———————— 185쪽

1. X   2. O

어법 ———————— 186~188쪽

1 (1) 저는 지하철을 타고 학교에 갑니다.
    (2) 그들은 택시를 타고 동물원에 갑니다.

2 [참고 답안]

(1) 从我家到学校很远。/
    从我家到学校不远。

(2) 从我家到地铁站很远。/
    从我家到地铁站不远。

3 (1) 美丽的学校
    (2) 高个子的孩子 / 个子高的孩子
    (3) 新书
    (4) 好朋友

4 [참고 답안]

(1) (我)是坐地铁来(学校)的。
(2) (我)是在家吃(晚饭)的。

듣기의 달인 ———————— 191쪽

1 (1) 3012   (2) 3017
    (3) 3119   (4) 3128

녹음 원문

(1) 三千零一十二   (2) 三千零一十七
(3) 三千一百一十九 (4) 三千一百二十八

2 (1) huǒ   (2) xiàn
    (3) qún   (4) liáo

3 (1) X   (2) O
    (3) O   (4) X
    (5) O

녹음 원문

(1) 남: 小王，你怎么回家?

여: 跟你一样，坐地铁。

(2) 남: 小刘，从你家到学校远不远?

여: 太远了。

(3) 남: 地铁站远吗?

여: 不远，地铁站就在那儿。

(4) 남: 玛丽，你的那件衣服是什么时候买的?

여: 是昨天买的。

(5) 남: 昨天你是在哪儿吃饭的?

여: 在家。

회화의 달인 ———————————— 192쪽

大卫: 玛丽，你的这件衣服很漂亮，是什么时候买的?

玛丽: 是昨天买的。

大卫: 是在哪儿买的?

玛丽: 是在西单的一家商场买的。

大卫: 是多少钱买的?

玛丽: 是九百五十块钱买的。

색인

색인

색인

고유명사

퍼스트 중국어 ① 단어장

你 nǐ 때 너, 당신

您 nín 때 당신['你'의 존칭]

好 hǎo 형 좋다, 괜찮다

最近 zuìjìn 명 요즘, 최근

吗 ma 조 의문을 나타내는 조사

很 hěn 부 매우

呢 ne 조 의문을 나타내는 조사

我 wǒ 때 나

他 tā 때 그

她 tā 때 그녀

也 yě 부 ~도, 역시

陈一山 Chén Yīshān 고유 천이산[인명]

刘子艺 Liú Zǐyì 고유 리우쯔이[인명]

老师 lǎoshī 명 선생님

叫 jiào 동 ~라고 부르다

什么 shénme 때 무엇, 무슨

名字 míngzi 명 이름

贵 guì 접두 존경의 뜻을 나타내는 접두사

姓 xìng 동 성이 ~이다

金志龙 Jīn Zhìlóng 고유 김지용[인명]

王 Wáng 고유 왕[성씨]

这 zhè 때 이, 이것

那 nà 때 그, 그것, 저, 저것

家 jiā 명 집

的 de 조 ~의

全家福 quánjiāfú 명 가족사진

对 duì 형 맞다

在 zài 동 ~에 있다

哪儿 nǎr 때 어디(= 哪里 nǎli)

这儿 zhèr 때 여기(= 这里 zhèli)

那儿 nàr 때 거기, 저기(= 那里 nàli)

LESSON 02 ② 37쪽

Track 02-06

请 qǐng 图 상대방에게 무언가를 부탁하거나
　　　　　 권할 때 쓰는 말

喝 hē 图 마시다

茶 chá 명 차[음료]

咖啡 kāfēi 명 커피

水 shuǐ 명 물

可乐 kělè 명 콜라

谢谢 xièxie 图 감사하다

不 bù 뿐 아니다, (~하지) 않다

客气 kèqi 图 사양하다, 예의를 차리다

再见 zàijiàn 图 안녕, 잘 가[헤어질 때의 인사말]

再 zài 뿐 다시, 또

见 jiàn 图 만나다

① 단어장을 점선을 따라 잘라 주세요.

② LESSON02 ①~LESSON12 ②까지 순서대로
　 정리해 주세요.

③ 표시된 부분에 구멍을 뚫고 고리로 연결한 후, 출퇴
　 근, 등하교 시간에 단어 학습할 때 활용해 보세요.

* 단어장 음원에는 한국어 뜻 음성도 포함되어 있습니다.

LESSON 04 ② 65쪽

Track 04-04

个 gè 양 개, 명[물건이나 사람을 세는 단위]

位 wèi 양 분[사람을 높여서 세는 단위]

两 liǎng 주 둘

谁 shéi 떼 누구

姐姐 jiějie 명 누나, 언니

哥哥 gēge 명 형, 오빠

弟弟 dìdi 명 남동생

妹妹 mèimei 명 여동생

像 xiàng 图 닮다

LESSON 03 ② 51쪽

Track 03-04

是 shì 图 (~은/는) ~이다

哪 nǎ 떼 어느

国 guó 명 나라

人 rén 명 사람

认识 rènshi 图 알다, 인식하다

高兴 gāoxìng 형 기쁘다, 즐겁다

韩国 Hánguó 고유 한국[국명]

中国 Zhōngguó 고유 중국[국명]

日本 Rìběn 고유 일본[국명]

有 yǒu 동 있다

没有 méiyǒu 동 없다

几 jǐ 대 몇

口 kǒu 양 식구[한집에 사는 식구 수를 세는 단위]

都 dōu 부 모두

和 hé 접 개 ~와/과

还 hái 부 또, 더

只 zhī 양 마리[작은 동물 등을 세는 단위]

小狗 xiǎogǒu 명 강아지

上午 shàngwǔ 명 오전

课 kè 명 수업

汉语课 Hànyǔ kè 명 중국어 수업

点 diǎn 양 시[시간의 단위]

上课 shàng//kè 동 수업하다, 수업을 시작하다

下课 xià//kè 동 수업을 마치다

下午 xiàwǔ 명 오후

分 fēn 양 분[시간의 단위]

今年 jīnnián 명 올해

多 duō 대 얼마나[의문 표시]

大 dà 형 크다, (나이가) 많다

了 le 조 변화를 나타내는 어기조사

岁 suì 양 살, 세[나이를 세는 단위]

属 shǔ 동 ~띠이다

马 mǎ 명 말[동물]

年纪 niánjì 명 나이, 연령, 연세

岁数 suìshu 명 연세, 연령

年轻 niánqīng 형 젊다

今天 jīntiān 명 오늘

号 hào 명 일[날짜]

星期 xīngqī 명 요일, 주

星期五 xīngqīwǔ 명 금요일

星期天 xīngqītiān 명 일요일

明天 míngtiān 명 내일

去 qù 동 가다

怎么样 zěnmeyàng 대 어떠하다

赞 zàn 동 찬성하다

长城 Chángchéng 고유 창청, 만리장성

现在 xiànzài 몡 지금

差 chà 동 차이 나다, 부족하다

我们 wǒmen 대 우리(들)

们 men 접미 ~들[복수 표시]

吃 chī 동 먹다

饭 fàn 몡 밥

半 bàn 쥐 반, 절반

吧 ba 조 ~하자, ~해라[제안, 가벼운 명령을
나타내는 어기조사]

面条 miàntiáo 몡 국수

做 zuò 동 하다

工作 gōngzuò 몡 일 동 일하다

厨师 chúshī 몡 요리사

教 jiāo 동 가르치다

学生 xuésheng 몡 학생

英语 Yīngyǔ 몡 영어

汉语 Hànyǔ 몡 중국어

日语 Rìyǔ 몡 일본어

韩语 Hányǔ 몡 한국어

生日 shēngrì 몡 생일

月 yuè 몡 월, 달

真的 zhēnde 진짜

假的 jiǎde 가짜

怎么 zěnme 대 왜, 어떻게

跟 gēn 개 ~와/과

一样 yíyàng 형 같다

真 zhēn 부 정말로

巧 qiǎo 형 공교롭다

同学 tóngxué 몡 학우, 급우

哪里 nǎli 대 천만에요[자신에 대한 칭찬을 겸손
하게 부정하는 말]

喜欢 xǐhuan 동 좋아하다

学习 xuéxí 동 공부하다, 학습하다

难 nán 형 어렵다

容易 róngyì 형 쉽다

可是 kěshì 접 그러나, 그렇지만

有意思 yǒu yìsi 형 재미있다

没(有)意思 méi(yǒu) yìsi 재미없다

LESSON 09 ① 141쪽

昨天 zuótiān 몡 어제

了 le 조 완료를 나타내는 조사

外国 wàiguó 몡 외국

朋友 péngyou 몡 친구

动物园 dòngwùyuán 몡 동물원

一共 yígòng 뷔 전부, 합해서

吧 ba 조 ~지요?[추측을 나타내는 어기조사]

美国 Měiguó 고유 미국[국명]

LESSON 10 ① 155쪽

知道 zhīdào 동 알다

手机 shǒujī 몡 핸드폰, 휴대 전화

身份证 shēnfènzhèng 몡 신분증

学生证 xuéshēngzhèng 몡 학생증

号码 hàomǎ 몡 번호

多少 duōshao 대 얼마

多 duō 형 많다

少 shǎo 형 적다

不用 búyòng 필요 없다

谢 xiè 동 감사하다

LESSON 11 ① 169쪽

这几天 zhè jǐ tiān 요 며칠

天气 tiānqì 몡 날씨

冷 lěng 형 춥다, 차다

热 rè 형 덥다, 뜨겁다

想 xiǎng 동 생각하다
　　　 조동 ~하고 싶다, ~하려고 하다

买 mǎi 동 사다

卖 mài 동 팔다

厚 hòu 형 두껍다

(一)点儿 (yì)diǎnr 수량 조금, 약간

衣服 yīfu 몡 옷

一起 yìqǐ 뷔 함께

什么时候 shénme shíhou 대 언제

LESSON 12 ① 183쪽

回 huí 동 돌아가다, 돌아오다

学校 xuéxiào 몡 학교

宿舍 sùshè 몡 기숙사

坐 zuò 동 앉다, (교통수단을) 타다

出租车 chūzūchē 몡 택시

时间 shíjiān 몡 시간

堵车 dǔ//chē 동 차가 막히다

地铁 dìtiě 몡 지하철

从……到…… cóng……dào…… ~에서 ~까지

地铁站 dìtiězhàn 몡 지하철역

远 yuǎn 형 멀다

近 jìn 형 가깝다

就 jiù 뷔 바로, 정말로, 다름 아니라

LESSON 10 ❷ 157쪽

在 zài 🖺 ~하고 있다
[동작의 진행을 표시하는 부사]

呢 ne 🖺 진행을 표시하는 어기조사

打 dǎ 🖺 (전화를) 걸다, 하다

电话 diànhuà 🖺 전화

给 gěi 🖺 ~에게

正在 zhèngzài 🖺 ~하고 있다
[동작의 진행을 표시하는 부사]

正 zhèng 🖺 ~하고 있다
[동작의 진행을 표시하는 부사]

哎呀 āiyā 🖺 아이고, 어머나
[놀람, 의외, 아쉬움 등을 나타냄]

那 nà 🖺 그럼, 그렇다면

发 fā 🖺 발송하다, 전송하다

短信 duǎnxìn 🖺 문자 메시지

LESSON 09 ❷ 143쪽

最 zuì 🖺 가장, 제일

动物 dòngwù 🖺 동물

熊猫 xióngmāo 🖺 판다

在 zài 🖺 ~에서

看见 kànjiàn 🖺 보다, 보이다

没 méi 🖺 (~하지) 않았다

太……了 tài……le 너무 ~하다

太 tài 🖺 너무, 매우

遗憾 yíhàn 🖺 안타깝다, 유감스럽다

LESSON 12 ❷ 185쪽

新 xīn 🖺 새롭다

旧 jiù 🖺 낡다

颜色 yánsè 🖺 색깔

款式 kuǎnshì 🖺 스타일

不错 búcuò 🖺 좋다, 괜찮다

是……的 shì……de 강조 구문을 만드는 문형

商场 shāngchǎng 🖺 쇼핑몰

西单 Xīdān 🖺 시단[베이징에 있는 지명]

LESSON 11 ❷ 171쪽

件 jiàn 🖺 윗도리를 세는 단위

蓝色 lánsè 🖺 파란색

漂亮 piàoliang 🖺 예쁘다, 아름답다

售货员 shòuhuòyuán 🖺 판매원

可以 kěyǐ 🖺 (가능)~할 수 있다, (권유)~할 만하다

试 shì 🖺 (시험 삼아) 해 보다

多少钱 duōshao qián (값이) 얼마예요?

钱 qián 🖺 돈

块 kuài 🖺 위안[화폐 단위 '元 yuán'의 구어체 표현]

有点儿 yǒudiǎnr 🖺 조금, 약간

贵 guì 🖺 비싸다

便宜 piányi 🖺 싸다

看 kàn 🖺 보다

北京语言大学

독점 라이센스!

북경어언대학교 독점 라이센스!
최신판!

北京语言大学 최신판

목표 달성 중국어
Level 1

北京语言大学

목표
달성
중국어
拾级汉语

吴中伟·高顺全·陶炼 편저
박정순 편역

Level 1

워크북 + 단어장
특강과 정답 A MP3 파일 다운로드
www.booksJRC.com

JRC북스

부록
워크북
단어장

吴中伟, 高顺全, 陶炼 지음 | 박정순 편역 | 176쪽 | 12과 | 13,500원

192쪽 | 12과 | 13,500원

228쪽 | 14과 | 14,500원

224쪽 | 14과 | 14,500원

이제는
여행X음식X중국어다!

여행과 음식으로
즐겨요!

JRC 중국어연구소 저 | 14,000원

재미와 학습을 한번에! 4주 독학 완성!

여행 콘셉트 본책	쓰기 노트	여행 미니북	무료 동영상 강의	테마 지도

JRC 일본어연구소 저	14,000원	홍빛나 저	15,500원	국선아 저	15,000원	피무 저	16,500원	김정, 일리야 저	16,500원

THE 맛있게
THE 쉽게 즐기세요!

시작에서
합격까지
4주
완성!

박수진 저 | 19,500원

기본서, 해설집, 모의고사 All In One 구성

한눈에 보이는 공략   간략하고 명쾌한   실전에 강한

기본서   +   해설집   +   모의고사   +   필수단어 300

1~2급

박수진 저 | 22,500원   왕수인 저 | 23,500원   장영미 저 | 24,500원   JRC 중국어연구소 저 | 25,500원

퍼스트 중국어

JRC 중국어연구소 기획
김준헌, 왕혜경 저

워크북

워크북 정답 다운로드

www.booksJRC.com

맛있는 books

중국어 1등 학습 내비게이션

퍼스트 중국어

JRC 중국어연구소 기획
김준헌, 왕혜경 저

맛있는 books

발음

✏️ 간체자 쓰기

零 líng 영	一 厂 广 卢 命 岳 乘 重 雫 雫 雫 零 零			
	零			
	líng			

一 yī 1, 일	一			
	一			
	yī			

二 èr 2, 이	一 二			
	二			
	èr			

三 sān 3, 삼	一 二 三			
	三			
	sān			

四 sì 4, 사	丨 冂 冈 四 四			
	四			
	sì			

五 wǔ 5, 오	一 丁 五 五			
	五			
	wǔ			

六 liù 6, 육	` 亠 六 六				
	六				
	liù				

七 qī 7, 칠	一 七				
	七				
	qī				

八 bā 8, 팔	丿 八				
	八				
	bā				

九 jiǔ 9, 구	丿 九				
	九				
	jiǔ				

十 shí 10, 십	一 十				
	十				
	shí				

百 bǎi 100, 백	一 丆 丆 百 百 百				
	百				
	bǎi				

千 qiān 1000, 천	ー ニ 千				
	千 qiān				

万 wàn 10000, 만 (萬)	一 丁 万				
	万 wàn				

爷爷 yéye 할아버지 (爺爺)	ノ ハ グ グ 爷 爷				
	爷爷 yéye				

奶奶 nǎinai 할머니	く 女 女 奶 奶				
	奶奶 nǎinai				

爸爸 bàba 아빠	ノ ハ グ グ 爷 爷 爸 爸				
	爸爸 bàba				

妈妈

māma

엄마
(媽媽)

ㄑ 女 女 女ㄱ 妈 妈

妈妈				
māma				

哥哥

gēge

형, 오빠

一 丅 丆 可 可 哥 哥 哥 哥 哥

哥哥				
gēge				

姐姐

jiějie

누나, 언니

ㄑ 女 女 如 如 妌 姐 姐

姐姐				
jiějie				

弟弟

dìdi

남동생

丶 丷 当 当 弓 弟 弟

弟弟				
dìdi				

妹妹

mèimei

여동생

ㄑ 女 女 女一 女二 妹 妹 妹

妹妹				
mèimei				

02 你好!
안녕하세요!

✏️ 간체자 쓰기

最近 zuìjìn 요즘, 최근	一 冂 冂 曰 早 早 昇 昇 昇 最 最 一 厂 斤 斤 沂 近 近			
	最近 zuìjìn			

很 hěn 매우	一 彳 彳 彳 彳 彳 彳 很 很			
	很 hěn			

请 qǐng 부탁하거나 권하는 말 (請)	丶 讠 讠 讠 请 请 请 请 请 请			
	请 qǐng			

喝 hē 마시다	丨 冂 冂 叮 叮 呷 呷 喝 喝 喝 喝			
	喝 hē			

茶 chá 차[음료] (茶)	一 十 艹 艹 艼 芩 苓 茶 茶			
	茶 chá			

谢谢 xièxie 감사하다 (謝謝)	` 讠 讠 讠 讱 讱 讱 谢 谢 谢 谢 谢谢 xièxie			

不 bù 아니다. (~하지) 않다	一 丆 不 不 不 bù			

客气 kèqi 사양하다, 예의를 차리다 (客氣)	` ` 宀 宀 灾 安 客 客 丿 丆 气 气 客气 kèqi			

再 zài 다시. 또	一 丆 冂 币 再 再 再 zài			

见 jiàn 만나다 (見)	丨 冂 贝 见 见 jiàn			

1 병음에 성조를 표시하고, 한자, 병음, 뜻을 모두 익힌 단어는 ☐에 체크하세요.

☐ 你   ni   때 너, 당신

☐ 您   nin   때 당신['你'의 존칭]

☐ 好   hao   형 좋다, 괜찮다

☐ 最近   zuijin   명 요즘, 최근

☐ 吗   ma   조 의문을 나타내는 조사

☐ 很   hen   부 매우

☐ 呢   ne   조 의문을 나타내는 조사

☐ 我   wo   때 나

☐ 他   ta   때 그

☐ 她   ta   때 그녀

☐ 也   ye   부 ~도, 역시

☐ 请   qing   동 상대방에게 무언가를 부탁하거나 권할 때 쓰는 말

☐ 喝   he   동 마시다

☐ 茶   cha   명 차[음료]

☐ 咖啡   kafei   명 커피

☐ 水   shui   명 물

☐ 可乐   kele   명 콜라

☐ 谢谢   xiexie   동 감사하다

☐ 不   bu   부 아니다, (~하지) 않다

☐ 客气   keqi   동 사양하다, 예의를 차리다

☐ 再见   zaijian   동 안녕, 잘 가

☐ 再   zai   부 다시, 또

☐ 见   jian   동 만나다

2 ⓐ는 중국어, ⓑ는 ⓐ의 병음입니다. 빈칸에 적절한 한자 혹은 병음을 써서 문장을 완성하세요.

(1) ⓐ 你最近好(　　　　)?
　　ⓑ Nǐ zuìjìn (　　　　) ma?

(2) ⓐ 我(　　　　)很好。
　　ⓑ Wǒ yě (　　　　) hǎo.

(3) ⓐ (　　　　)喝茶。
　　ⓑ Qǐng (　　　　) chá.

(4) ⓐ 不(　　　　)气!
　　ⓑ (　　　　) kèqi!

3 보기 에서 알맞은 단어를 찾아 괄호를 채우세요. (보기의 단어 중복 사용 불가)

보기	请	也	再	你	不

(1) (　　　　)好!

(2) 我(　　　　)很好。

(3) (　　　　)喝茶。

(4) (　　　　)客气!

(5) (　　　　)见!

4 제시된 단어들을 어순대로 배열하여 한국어를 중국어로 옮겨 보세요.

(1) 안녕하세요!

好 / 你

_____

(2) 요즘 잘 지내셨습니까?

吗 / 你 / 好 / 最近

_____

(3) 저는 잘 지냅니다.

好 / 我 / 很

_____

(4) 당신의 아버지는 안녕하십니까?

爸爸 / 吗 / 好 / 你

_____

(5) 커피 드세요.

咖啡 / 喝 / 请

_____

5 틀린 곳을 올바르게 고쳐 보세요.

(1) 我好很。

(2) 您是好!

(3) 我很也好。

(4) 你最近好呢?

(5) 请茶喝。

6 다음 중국어를 한국어로 옮겨 보세요.

(1) 你好!

_____

(2) 再见!

_____

(3) 你最近好吗?

_____

(4) 谢谢!

_____

(5) 我爸爸也很好。

_____

你叫什么名字?

이름이 뭐예요?

✏️ 간체자 쓰기

老师 lǎoshī 선생님 (老師)	一 十 土 耂 耂 老 丨 丿 厂 厅 师 师 老师			
	lǎoshī			

叫 jiào ~라고 부르다	丨 丨 口 叫 叫 叫			
	jiào			

什么 shénme 무엇, 무슨 (什麼)	丿 亻 仁 什 丿 厶 么 什么			
	shénme			

名字 míngzi 이름	丿 夕 夕 夕 名 名 丶 丷 宀 宁 字 字 名字			
	míngzi			

贵 guì 존경의 뜻을 나타내는 접두사 (貴)	丨 口 口 虫 弗 弗 弗 贵 贵 贵			
	guì			

姓 xìng 성이 ~이다	く 乀 夕 女 女' 奵 奵 姓 姓				
	姓				
	xìng				

哪 nǎ 어느	ᛁ 口 口 叮 吅 吲 呀 呀5 哪				
	哪				
	nǎ				

韩国 Hánguó 한국 (韓國)	一 十 产 古 吉 吉 直 卓 卓 韩 韩 韩 丨 冂 冂 月 囝 国 国 国				
	韩国				
	Hánguó				

认识 rènshi 알다, 인식하다 (認識)	丶 讠 认 认 丶 讠 讠 识 识 识 识				
	认识				
	rènshi				

高兴 gāoxìng 기쁘다, 즐겁다 (高興)	丶 亠 亠 古 吉 亯 高 高 高 高 丶 丷 丷 兴 兴 兴				
	高兴				
	gāoxìng				

1 병음에 성조를 표시하고, 한자, 병음, 뜻을 모두 익힌 단어는 ☐에 체크하세요.

☐ 老师	laoshi	몡 선생님
☐ 叫	jiao	동 ~라고 부르다
☐ 什么	shenme	때 무엇, 무슨
☐ 名字	mingzi	몡 이름
☐ 贵	gui	접두 존경의 뜻을 나타내는 접두사
☐ 姓	xing	동 성이 ~이다
☐ 是	shi	동 (~은/는) ~이다
☐ 哪	na	때 어느
☐ 国	guo	몡 나라
☐ 人	ren	몡 사람
☐ 认识	renshi	동 알다, 인식하다
☐ 高兴	gaoxing	혱 기쁘다, 즐겁다
☐ 韩国	Hanguo	고유 한국
☐ 中国	Zhongguo	고유 중국
☐ 日本	Riben	고유 일본

2 ⓐ는 중국어, ⓑ는 ⓐ의 병음입니다. 빈칸에 적절한 한자 혹은 병음을 써서 문장을 완성하세요.

(1) ⓐ 老师，(   )好。
    ⓑ (   )shī, nín hǎo.

(2) ⓐ (   )叫金志龙。
    ⓑ Wǒ (   ) Jīn Zhìlóng.

(3) ⓐ 我(   )很高兴。
    ⓑ Wǒ yě hěn (   )xìng.

(4) ⓐ 我(   )韩国人。
    ⓑ Wǒ shì (   )guórén.

3 보기 에서 알맞은 단어를 찾아 괄호를 채우세요. (보기의 단어 중복 사용 불가)

| 보기 | 高兴 | 吗 | 姓 | 叫 | 哪 |

(1) 你(   )什么名字?

(2) 我(   )王。

(3) 你是(   )国人?

(4) 认识您，我很(   )。

(5) 你是中国人(   )?

4 제시된 단어들을 어순대로 배열하여 한국어를 중국어로 옮겨 보세요.

(1) 당신은 이름이 뭐예요?

名字 / 你 / 什么 / 叫

_____

(2) 성이 어떻게 되세요?

贵 / 您 / 姓

_____

(3) 그는 어느 나라 사람입니까?

哪 / 人 / 他 / 国 / 是

_____

(4) 만나 뵙게 되어 반갑습니다.

我 / 您 / 认识 / 高兴 / 很

_____

(5) 왕 선생님을 만나 뵙게 되어 반갑습니다.

王老师 / 我 / 很 / 高兴 / 认识

_____

5 틀린 곳을 올바르게 고쳐 보세요.

(1) 我是高兴。

(2) 我王姓。

(3) 我是不韩国人。

(4) 你叫什么名字吗?

(5) 你是哪国人吗?

6 다음 중국어를 한국어로 옮겨 보세요.

(1) 认识王老师，我很高兴。

_____

(2) 王老师不是韩国人。

_____

(3) 我最近很好。

_____

(4) 我也很好。

_____

(5) 我不认识王老师。

_____

04 这个人是谁?

이 사람은 누구예요?

✏️ 간체자 쓰기

这 zhè 이, 이것 (這)	丶 亠 宀 文 ²文 议 这			
	这			
	zhè			

那 nà 그, 그것 저, 저것	⅂ ヨ ヨ 月 那 那			
	那			
	nà			

的 de ~의	ノ ｆ 竹 白 白 的 的 的			
	的			
	de			

全家福 quánjiāfú 가족사진	ノ 人 八 仝 全 全 丶 宀 宀 宁 宇 字 家 家 家 家 丶 ラ ネ ネ ネ 衤 衧 衧 袒 福 福 福			
	全家福			
	quánjiāfú			

对 duì 맞다 (對)	⅂ 又 ㄡ 对 对			
	对			
	duì			

在 zài ~에 있다	一 ナ ナ 右 右 在 在 zài
哪儿 nǎr 어디 (哪兒)	丨 冂 口 叮 叮 卯 咿 哪 哪 丿 儿 哪儿 nǎr
个 gè 개, 명 (個)	丿 人 个 个 gè
谁 shéi 누구 (誰)	丶 讠 订 订 讠 讠 讠 讠 谁 谁 谁 shéi
像 xiàng 닮다	丿 亻 亻 俨 俨 俨 侈 傍 傍 像 像 像 像 xiàng

1 병음에 성조를 표시하고, 한자, 병음, 뜻을 모두 익힌 단어는 ☐에 체크하세요.

☐	这	zhe	때 이, 이것
☐	那	na	때 그, 그것, 저, 저것
☐	家	jia	명 집
☐	的	de	조 ~의
☐	全家福	quanjiafu	명 가족사진
☐	对	dui	형 맞다
☐	在	zai	동 ~에 있다
☐	哪儿	nar	때 어디
☐	这儿	zher	때 여기
☐	那儿	nar	때 거기, 저기
☐	个	ge	양 개, 명
☐	位	wei	양 분
☐	两	liang	수 둘
☐	谁	shei	때 누구
☐	姐姐	jiejie	명 누나, 언니
☐	哥哥	gege	명 형, 오빠
☐	弟弟	didi	명 남동생
☐	妹妹	meimei	명 여동생
☐	像	xiang	동 닮다

2 ⓐ는 중국어, ⓑ는 ⓐ의 병음입니다. 빈칸에 적절한 한자 혹은 병음을 써서 문장을 완성하세요.

(1) ⓐ 这是你家(　　　　　)全家福吗?
　　 ⓑ Zhè shì nǐ jiā de (　　　　　)jiāfú ma?

(2) ⓐ 你在(　　　　　)?
　　 ⓑ Nǐ (　　　　　) nǎr?

(3) ⓐ 这(　　　　　)人是谁?
　　 ⓑ Zhège rén shì (　　　　　)?

(4) ⓐ 我(　　　　　)我爸爸。
　　 ⓑ Wǒ xiàng wǒ (　　　　　).

3 보기 에서 알맞은 단어를 찾아 괄호를 채우세요. (보기의 단어 중복 사용 불가)

보기	的	在	个	那	谁

(1) 我(　　　　　)这儿。

(2) (　　　　　)位小姐是谁?

(3) 你像(　　　　　)?

(4) 那(　　　　　)人是中国人。

(5) 陈先生(　　　　　)哥哥像他爸爸。

4 제시된 단어들을 어순대로 배열하여 한국어를 중국어로 옮겨 보세요.

(1) 이것은 우리 집의 가족사진입니다.

全家福 / 这 / 我 / 的 / 是 / 家

_____

(2) 이쪽은 우리 아빠입니다.

爸爸 / 是 / 我 / 这

_____

(3) 당신의 아버지는 어디에 계십니까?

哪儿 / 爸爸 / 在 / 你

_____

(4) 이 사람은 누구입니까?

谁 / 人 / 这 / 是 / 个

_____

(5) 그는 집에 없습니다.

他 / 家 / 不 / 在

_____

5 틀린 곳을 올바르게 고쳐 보세요.

(1) 我在这。

(2) 我不家在。

(3) 这是我的家全家福。

(4) 这位人是我姐姐。

(5) 我像我爸爸不。

6 다음 중국어를 한국어로 옮겨 보세요.

(1) 我姐姐家在那儿。

_____

(2) 我哥哥像爸爸。

_____

(3) 你家在哪儿?

_____

(4) 这是谁家的全家福?

_____

(5) 对。这是我爸爸。

_____

你家有几口人?

당신 집은 몇 식구인가요?

✏️ 간체자 쓰기

有 yǒu 있다	一 ナ 才 有 有 有			
	有 yǒu			

还 hái 또, 더 (還)	一 丁 不 不 不 还 还			
	还 hái			

小狗 xiǎogǒu 강아지	」 小 小 ノ 丿 犭 犭 犭 狗 狗 狗			
	小狗 xiǎogǒu			

做 zuò 하다	ノ イ 仁 什 什 什 估 估 估 做 做 做			
	做 zuò			

工作 gōngzuò 일, 일하다	一 丁 工 ノ イ イ 广 竹 作 作			
	工作 gōngzuò			

厨师 chúshī 요리사 (廚師)	一 厂 厂 厂 厂 厅 厉 厨 厨 厨 厨 丨 刂 刂 乍 师 师			
	厨师			
	chúshī			

教 jiāo 가르치다	一 十 土 耂 耂 孝 孝 孝 教 教 教			
	教			
	jiāo			

学生 xuésheng 학생 (學生)	丶 丷 丷 ﬀ 学 学 学 学 丿 丿 仁 牛 生			
	学生			
	xuésheng			

英语 Yīngyǔ 영어 (英語)	一 艹 艹 艻 苎 苎 英 英 丶 讠 讠 讧 讦 讦 语 语 语			
	英语			
	Yīngyǔ			

汉语 Hànyǔ 중국어 (漢語)	丶 丶 氵 汊 汉 丶 讠 讠 讧 讦 讦 语 语 语			
	汉语			
	Hànyǔ			

1 병음에 성조를 표시하고, 한자, 병음, 뜻을 모두 익힌 단어는 □에 체크하세요.

	한자	병음	뜻
☐	有	you	동 있다
☐	没有	meiyou	동 없다
☐	几	ji	대 몇
☐	口	kou	양 식구
☐	都	dou	부 모두
☐	和	he	접 개 ~와/과
☐	还	hai	부 또, 더
☐	只	zhi	양 마리
☐	小狗	xiaogou	명 강아지
☐	做	zuo	동 하다
☐	工作	gongzuo	명 일 동 일하다
☐	厨师	chushi	명 요리사
☐	教	jiao	동 가르치다
☐	学生	xuesheng	명 학생
☐	英语	Yingyu	명 영어
☐	汉语	Hanyu	명 중국어
☐	日语	Riyu	명 일본어
☐	韩语	Hanyu	명 한국어

2 ⓐ는 중국어, ⓑ는 ⓐ의 병음입니다. 빈칸에 적절한 한자 혹은 병음을 써서 문장을 완성하세요.

(1) ⓐ 我家(　　　　)四口人。

　　 ⓑ Wǒ jiā yǒu sì (　　　　) rén.

(2) ⓐ 你家(　　　　)有什么人?

　　 ⓑ Nǐ jiā dōu yǒu (　　　　)me rén?

(3) ⓐ 我家还有一(　　　　)小狗。

　　 ⓑ Wǒ jiā (　　　　) yǒu yì zhī xiǎogǒu.

(4) ⓐ 你爸爸(　　　　)什么工作?

　　 ⓑ Nǐ bàba zuò shénme (　　　　)zuò?

3 보기 에서 알맞은 단어를 찾아 괄호를 채우세요. (보기의 단어 중복 사용 불가)

보기	有	还	几	什么	教

(1) 朴小姐家有(　　　　)口人?

(2) 你妈妈做(　　　　)工作?

(3) 我爸爸(　　　　)学生汉语。

(4) 他家(　　　　)有一只小狗。

(5) 你家都(　　　　)什么人?

4 제시된 단어들을 어순대로 배열하여 한국어를 중국어로 옮겨 보세요.

(1) 우리 집은 네 식구입니다.

我 / 四 / 家 / 人 / 口 / 有

_____

(2) 미스터 김의 집은 식구가 몇 명입니까?

家 / 金先生 / 口 / 几 / 有 / 人

_____

(3) 당신 아버지는 무슨 일을 하세요?

工作 / 爸爸 / 什么 / 做 / 你

_____

(4) 그녀 집에도 강아지가 한 마리 있습니다.

也 / 有 / 小狗 / 她 / 一 / 家 / 只

_____

(5) 우리 아빠는 학생에게 영어를 가르칩니다.

我 / 教 / 爸爸 / 英语 / 学生

_____

5 틀린 곳을 올바르게 고쳐 보세요.

(1) 你家有几位人?

(2) 我家不有小狗。

(3) 他爸爸是不老师。

(4) 你家也有什么人?

(5) 她爸爸不也是厨师。

6 다음 중국어를 한국어로 옮겨 보세요.

(1) 王老师家有几口人?

_____

(2) 王老师家都有什么人?

_____

(3) 我家还有一只小狗。

_____

(4) 他爸爸是日语老师。

_____

(5) 王老师教学生汉语。

_____

现在几点?

지금 몇 시예요?

✏️ 간체자 쓰기

上午 shàngwǔ 오전

丨 卜 上
丿 ㅌ 午 午

上午			
shàngwǔ			

点 diǎn 시 (點)

丨 ㅏ ㅑ 占 占 卢 点 点 点

点			
diǎn			

上课 shàng//kè 수업하다 (上課)

丨 卜 上
丶 讠 讠 讠 讠 讠 课 课 课

上课			
shàng//kè			

分 fēn 분

丿 八 分 分

分			
fēn			

现在 xiànzài 지금 (現在)

一 二 干 王 环 玑 现 现
一 ナ 才 在 在 在

现在			
xiànzài			

差 chà 차이 나다, 부족하다 (差)	丶 丷 丷 羊 兰 羊 差 羊 差				
	差				
	chà				

我们 wǒmen 우리(들) (我們)	一 一 千 手 我 我 我 丿 亻 亻 门 们				
	我们				
	wǒmen				

吃 chī 먹다	丨 丨 口 口 吖 吃 吃				
	吃				
	chī				

饭 fàn 밥 (飯)	丿 𠂊 𠂉 饣 𠂇 饣 饭 饭				
	饭				
	fàn				

面条 miàntiáo 국수 (麵條)	一 一 一 下 而 而 面 面 面 丿 夂 夂 冬 各 条 条				
	面条				
	miàntiáo				

1 병음에 성조를 표시하고, 한자, 병음, 뜻을 모두 익힌 단어는 □에 체크하세요.

☐	上午	shangwu	몡 오전
☐	课	ke	몡 수업
☐	汉语课	Hanyu ke	몡 중국어 수업
☐	点	dian	양 시[시간의 단위]
☐	上课	shang//ke	동 수업하다, 수업을 시작하다
☐	下课	xia//ke	동 수업을 마치다
☐	下午	xiawu	몡 오후
☐	分	fen	양 분[시간의 단위]
☐	现在	xianzai	몡 지금
☐	差	cha	동 차이 나다, 부족하다
☐	我们	women	대 우리(들)
☐	们	men	접미 ~들
☐	吃	chi	동 먹다
☐	饭	fan	몡 밥
☐	半	ban	수 반, 절반
☐	吧	ba	조 ~하자, ~해라
☐	面条	miantiao	몡 국수

2 ⓐ는 중국어, ⓑ는 ⓐ의 병음입니다. 빈칸에 적절한 한자 혹은 병음을 써서 문장을 완성하세요.

(1) ⓐ 你下午有(　　　　)有课？

　　 ⓑ Nǐ (　　　　)wǔ yǒu méiyǒu kè?

(2) ⓐ 你几(　　　　)下课？

　　 ⓑ Nǐ jǐ diǎn (　　　　)kè?

(3) ⓐ 现在(　　　　)五分六点。

　　 ⓑ Xiànzài chà wǔ fēn (　　　　) diǎn.

(4) ⓐ 你们几点(　　　　)饭？

　　 ⓑ Nǐmen jǐ diǎn chī (　　　　)?

3 보기 에서 알맞은 단어를 찾아 괄호를 채우세요. (보기의 단어 중복 사용 불가)

보기	差	什么	有	下午	吧

(1) 你几点(　　　　)汉语课？

(2) 现在(　　　　)十分两点。

(3) 你吃(　　　　)？

(4) 我们现在吃饭(　　　　)。

(5) 我(　　　　)两点下课。

4 제시된 단어들을 어순대로 배열하여 한국어를 중국어로 옮겨 보세요.

(1) 그 사람은 중국인입니까 아닙니까?

中国人 / 不是 / 那 / 人 / 是 / 个

_____

(2) 당신은 몇 시에 수업을 마칩니까?

下课 / 你 / 点 / 几

_____

(3) 우리는 오후 두 시에 중국어 수업이 있습니다.

点 / 有 / 下午 / 我们 / 汉语课 / 两

_____

(4) 우리 커피 마시자.

吧 / 咖啡 / 我们 / 喝

_____

(5) 저와 그는 국수를 먹지 않습니다.

和 / 吃 / 他 / 我 / 不 / 面条

_____

5 틀린 곳을 올바르게 고쳐 보세요.

(1) 现在是差五分两点。

(2) 现在不一点半。

(3) 你们下课几点？

(4) 我们面条吃吧。

(5) 他爸爸是不是老师吗？

6 다음 중국어를 한국어로 옮겨 보세요.

(1) 他们下午有没有汉语课？

_____

(2) 我们下课吧。

_____

(3) 你们喝不喝咖啡？

_____

(4) 你们吃不吃面条？

_____

(5) 现在差十分三点。

_____

07

你今年多大了?

올해 몇 살이 되었나요?

✏️ 간체자 쓰기

今年 jīnnián 올해	ノ 人 人 今 ノ ー 二 午 午 年			
	今年			
	jīnnián			

多 duō 얼마나	ノ ク タ タ 多 多			
	多			
	duō			

岁 suì 살, 세 (歲)	ˊ 屮 屮 屮 岁 岁			
	岁			
	suì			

属 shǔ ~띠이다 (屬)	﹁ ﹁ ﹁ 尸 尸 尸 尸 尸 尸 属 属 属			
	属			
	shǔ			

马 mǎ 말[동물] (馬)	﹁ 马 马			
	马			
	mǎ			

同学 tóngxué 학우, 급우 (同學)	丨 冂 冂 同 同 同 丶 ⺍ ⺍ ⺍ 兴 学 学 学			
	同学			
	tóngxué			

喜欢 xǐhuan 좋아하다 (喜歡)	一 十 士 ⺧ 吉 吉 吉 吉 亨 亨 喜 喜 フ 又 ⺈ ⺈ 欢 欢			
	喜欢			
	xǐhuan			

学习 xuéxí 공부하다, 학습하다 (學習)	丶 ⺍ ⺍ ⺍ 兴 学 学 学 フ ⺈ 习			
	学习			
	xuéxí			

难 nán 어렵다 (難)	フ 又 ⺈ ⺈ 邓 邓 ⺆ ⺆ 难 难 难			
	难			
	nán			

有意思 yǒu yìsi 재미있다	一 ナ 才 有 有 有 丶 ⺈ ⺌ 立 产 产 音 音 音 音 意 意 意 丨 冂 冃 囝 田 甲 思 思 思			
	有意思			
	yǒu yìsi			

1 병음에 성조를 표시하고, 한자, 병음, 뜻을 모두 익힌 단어는 ☐에 체크하세요.

☐	今年	jinnian	뎽 올해
☐	多	duo	때 얼마나
☐	大	da	혱 크다, (나이가) 많다
☐	了	le	조 변화를 나타내는 어기조사
☐	岁	sui	양 살, 세
☐	属	shu	동 ~띠이다
☐	马	ma	뎽 말[동물]
☐	年纪	nianji	뎽 나이, 연령, 연세
☐	岁数	suishu	뎽 연세, 연령
☐	年轻	nianqing	혱 젊다
☐	同学	tongxue	뎽 학우, 급우
☐	哪里	nali	때 천만에요
☐	喜欢	xihuan	동 좋아하다
☐	学习	xuexi	동 공부하다, 학습하다
☐	难	nan	혱 어렵다
☐	容易	rongyi	혱 쉽다
☐	可是	keshi	접 그러나, 그렇지만
☐	有意思	you yisi	혱 재미있다
☐	没(有)意思	mei(you) yisi	재미없다

2 ⓐ는 중국어, ⓑ는 ⓐ의 병음입니다. 빈칸에 적절한 한자 혹은 병음을 써서 문장을 완성하세요.

(1) ⓐ 我(   )马。

    ⓑ Wǒ shǔ (   ).

(2) ⓐ 你今年多(   )了?

    ⓑ Nǐ jīnnián (   ) dà le?

(3) ⓐ 他妈妈很年(   )。

    ⓑ Tā māma hěn (   )qīng.

(4) ⓐ 汉语很(   )。

    ⓑ Hàn(   ) hěn nán.

3 보기 에서 알맞은 단어를 찾아 괄호를 채우세요. (보기의 단어 중복 사용 불가)

보기	属	可是	岁	学习	像

(1) 我今年二十(   )了。

(2) 陈先生不(   )狗。

(3) 他不(   )老师。

(4) 你喜欢(   )汉语吗?

(5) 汉语很难,(   )很有意思。

4 제시된 단어들을 어순대로 배열하여 한국어를 중국어로 옮겨 보세요.

(1) 미스 리우는 올해 몇 살이 됐나요?

刘小姐 / 多 / 了 / 大 / 今年

_____

(2) 우리 오빠는 개띠가 아닙니다.

不 / 狗 / 我 / 属 / 哥哥

_____

(3) 그는 50세 같지 않습니다.

不 / 他 / 五十 / 像 / 岁

_____

(4) 당신은 중국어를 잘 하네요.

很 / 你 / 汉语 / 好 / 的

_____

(5) 저는 중국어 공부하는 걸 좋아해요.

汉语 / 喜欢 / 我 / 学习

_____

5 틀린 곳을 올바르게 고쳐 보세요.

(1) 汉语是难。

(2) 他喜欢不学习英语。

(3) 我好咖啡。

(4) 我今年二十大了。

(5) 英语不有意思。

6 다음 중국어를 한국어로 옮겨 보세요.

(1) 你的汉语很好。

_____

(2) 哪里哪里!

_____

(3) 你爸爸今年多大年纪了?

_____

(4) 金先生不属狗，属牛。

_____

(5) 朴小姐喜欢吃面条。

_____

08 你的生日是几月几号?

생일이 몇 월 며칠이에요?

✏️ 간체자 쓰기

号 hào 일[날짜] (號)	㇈ 口 口 吕 号				
	号 hào				

星期 xīngqī 요일, 주	㇏ 口 曰 旦 旦 旦 昌 星 星 一 十 艹 艹 甘 苴 其 其 期 期 期 期				
	星期 xīngqī				

明天 míngtiān 내일 (明天)	㇈ 冂 冂 日 日 明 明 明 一 二 于 天				
	明天 míngtiān				

去 qù 가다	一 十 土 去 去				
	去 qù				

赞 zàn 찬성하다 (贊)	㇒ ㇒ 丷 生 ⺯ 先 ⺯ 先 ⺯ 先 ⺯ 先 赞 赞 赞 赞				
	赞 zàn				

长城 Chángchéng 창청, 만리장성 (長城)	ノ 一 乍 长 一 十 土 圢 圢 圻 城 城 城			
	长城			
	Chángchéng			

生日 shēngrì 생일	ノ 仁 仁 生 生 丨 冂 月 日			
	生日			
	shēngrì			

月 yuè 월, 달	ノ 刀 月 月			
	月			
	yuè			

跟 gēn ~와/과	丨 冂 口 甲 呈 呈 趴 趴 跖 跖 跟 跟 跟			
	跟			
	gēn			

一样 yíyàng 같다 (一樣)	一 一 十 才 オ 木 术 栏 栏 栏 样			
	一样			
	yíyàng			

1 병음에 성조를 표시하고, 한자, 병음, 뜻을 모두 익힌 단어는 □에 체크하세요.

☐	今天	jintian	명 오늘
☐	号	hao	명 일[날짜]
☐	星期	xingqi	명 요일, 주
☐	星期五	xingqiwu	명 금요일
☐	星期天	xingqitian	명 일요일
☐	明天	mingtian	명 내일
☐	去	qu	동 가다
☐	怎么样	zenmeyang	대 어떠하다
☐	赞	zan	동 찬성하다
☐	生日	shengri	명 생일
☐	月	yue	명 월, 달
☐	真的	zhende	진짜
☐	假的	jiade	가짜
☐	怎么	zenme	대 왜, 어떻게
☐	跟	gen	개 ~와/과
☐	一样	yiyang	형 같다
☐	真	zhen	부 정말로
☐	巧	qiao	형 공교롭다
☐	长城	Changcheng	고유 창청, 만리장성

2 ⓐ는 중국어, ⓑ는 ⓐ의 병음입니다. 빈칸에 적절한 한자 혹은 병음을 써서 문장을 완성하세요.

(1) ⓐ 今天星期(　　　　)?
    ⓑ Jīntiān xīng(　　　　) jǐ?

(2) ⓐ 你的生日是(　　　　)月(　　　　)号?
    ⓑ Nǐ (　　　　) shēngrì shì jǐ yuè jǐ hào?

(3) ⓐ 你的生日(　　　　)我妈妈的生日一样。
    ⓑ Nǐ de shēngrì gēn wǒ māma de shēngrì (　　　　)yàng.

(4) ⓐ 我们明天(　　　　)长城。
    ⓑ Wǒmen míng(　　　　) qù Chángchéng.

3 보기 에서 알맞은 단어를 찾아 괄호를 채우세요. (보기의 단어 중복 사용 불가)

| 보기 | 汉语课　　没有　　跟　　几　　怎么样 |

(1) 你喜欢星期(　　　　)?

(2) 你星期几有(　　　　)?

(3) 我们明天去陈先生家，(　　　　)?

(4) 我的课(　　　　)他的课一样。

(5) 我星期五(　　　　)课。

4 제시된 단어들을 어순대로 배열하여 한국어를 중국어로 옮겨 보세요.

(1) 우리 내일 국수를 먹읍시다.

吧 / 明天 / 面条 / 吃 / 我们

_____

(2) 당신은 무슨 요일에 중국어 수업이 있습니까?

你 / 汉语课 / 星期几 / 有

_____

(3) 이것은 정말입니다.

是 / 真的 / 这

_____

(4) 저는 화요일에 수업이 없어요.

我 / 没有 / 星期二 / 课

_____

(5) 저는 당신과 달라요.

我 / 你 / 跟 / 一样 / 不

_____

5 틀린 곳을 올바르게 고쳐 보세요.

(1) 今天什么星期?

(2) 你喜欢星期几吗?

(3) 你星期几没有课吗?

(4) 今天不一号。

(5) 我的生日是也一月。

6 다음 중국어를 한국어로 옮겨 보세요.

(1) 你喜欢星期几?

_____

(2) 12月25号是星期二。

_____

(3) 今天是几号?

_____

(4) 你星期几有汉语课?

_____

(5) 我的茶跟他的茶不一样。

_____

你昨天去哪儿了?

어제 어디에 갔었나요?

✏️▶ 간체자 쓰기

昨天 zuótiān 어제 (昨天)	丨 丿 日 日 日 旷 旷 昨 昨 一 二 于 天			
	昨天			
	zuótiān			

外国 wàiguó 외국 (外國)	丿 夕 夕 外 外 丨 冂 冂 冃 囯 国 国 国			
	外国			
	wàiguó			

朋友 péngyou 친구	丿 刀 刀 月 月 朋 朋 朋 一 ナ 方 友			
	朋友			
	péngyou			

动物园 dòngwùyuán 동물원 (動物園)	一 二 云 云 动 动 丿 ㇒ 牛 牛 牛 牜 物 物 丨 冂 冂 冃 冃 园 园			
	动物园			
	dòngwùyuán			

一共 yígòng 전부, 합해서	一 一 十 廿 共 共 共			
	一共			
	yígòng			

美国 Měiguó 미국 (美國)	` ` ` ` 兰 兰 兰 美 美 美 l 冂 冂 冂 冃 囯 国 国 国			
	美国			
	Měiguó			

最 zuì 가장, 제일	l 冂 冂 曰 旦 星 昻 昻 昻 最 最			
	最			
	zuì			

熊猫 xióngmāo 판다	` ` ` ` ` 竹 竹 竹 能 能 能 能 能 熊 ` ` ` ` ` ` ` 猫 猫 猫 猫			
	熊猫			
	xióngmāo			

看见 kànjiàn 보다, 보이다 (看見)	一 二 三 看 看 看 看 看 看 l 冂 贝 见			
	看见			
	kànjiàn			

遗憾 yíhàn 안타깝다, 유감스럽다 (遺憾)	l 冂 曰 虫 虫 贵 贵 贵 贵 遗 遗 ` ` ` ` ` ` ` ` ` 憾 憾 憾 憾 憾 憾 憾			
	遗憾			
	yíhàn			

1 병음에 성조를 표시하고, 한자, 병음, 뜻을 모두 익힌 단어는 □에 체크하세요.

□	昨天	zuotian	몡 어제
□	了	le	조 완료를 나타내는 조사
□	外国	waiguo	몡 외국
□	朋友	pengyou	몡 친구
□	动物园	dongwuyuan	몡 동물원
□	一共	yigong	뷔 전부, 합해서
□	吧	ba	조 ~지요?
□	最	zui	뷔 가장, 제일
□	动物	dongwu	몡 동물
□	熊猫	xiongmao	몡 판다
□	在	zai	개 ~에서
□	看见	kanjian	동 보다, 보이다
□	没	mei	뷔 (~하지) 않았다
□	太……了	tai……le	너무 ~하다
□	太	tai	뷔 너무, 매우
□	遗憾	yihan	혱 안타깝다, 유감스럽다
□	美国	Meiguo	고유 미국

2 ⓐ는 중국어, ⓑ는 ⓐ의 병음입니다. 빈칸에 적절한 한자 혹은 병음을 써서 문장을 완성하세요.

(1) ⓐ 你去(　　　　)了?
　　ⓑ Nǐ (　　　　) nǎr le?

(2) ⓐ 和外国朋友(　　　　)动物园了。
　　ⓑ (　　　　) wàiguó péngyou qù dòngwùyuán le.

(3) ⓐ 他们(　　　　)是韩国人吧?
　　ⓑ Tāman dōu shì Hánguórén (　　　　)?

(4) ⓐ 你(　　　　)喜欢什么动物?
　　ⓑ Nǐ zuì xǐhuan shénme (　　　　)wù?

3 보기 에서 알맞은 단어를 찾아 괄호를 채우세요. (보기의 단어 중복 사용 불가)

| 보기 | 个 | 最 | 了 | 哪儿 | 吧 |

(1) 你哥哥去(　　　　)了?

(2) 汉语难(　　　　)?

(3) 我弟弟有一(　　　　)美国朋友。

(4) 金先生(　　　　)喜欢喝咖啡。

(5) 太有意思(　　　　)。

4 제시된 단어들을 어순대로 배열하여 한국어를 중국어로 옮겨 보세요.

(1) 당신은 어디에 갔었습니까?

去 / 你 / 哪儿 / 了

_____

(2) 그는 동물원에 가지 않았습니다.

动物园 / 他 / 去 / 没

_____

(3) 당신은 전부 몇 명의 중국 친구가 있습니까?

你 / 几 / 朋友 / 一共 / 有 / 个 / 中国

_____

(4) 그는 외국인 친구가 없습니다.

外国 / 没有 / 他 / 朋友

_____

(5) 당신은 어떤 동물을 가장 좋아합니까?

最 / 你 / 动物 / 什么 / 喜欢

_____

5 틀린 곳을 올바르게 고쳐 보세요.

(1) 他有二个美国朋友。

(2) 我昨天不去动物园。

(3) 汉语老师在哪儿吗?

(4) 我没看见熊猫了。

(5) 他不也是中国人。

6 다음 중국어를 한국어로 옮겨 보세요.

(1) 你昨天喝咖啡了吗?

_____

(2) 他现在在家吃饭。

_____

(3) 你在哪儿上汉语课?

_____

(4) 你一共有几个外国朋友?

_____

(5) 我昨天没吃面条。

_____

你在做什么呢?

당신은 무엇을 하고 있어요?

✏️ 간체자 쓰기

知道 zhīdào 알다	ノ 느 느 乍 矢 知 知 知 丶 ソ 从 产 产 首 首 首 首 首 道 道 道			
	知道			
	zhīdào			

手机 shǒujī 핸드폰, 휴대 전화 (手機)	一 二 三 手 一 十 オ 木 朳 机			
	手机			
	shǒujī			

号码 hàomǎ 번호 (號碼)	丨 口 口 卫 号 一 ア イ 石 石 矿 码 码			
	号码			
	hàomǎ			

多少 duōshao 얼마 (多少)	ノ ク タ 夕 多 多 丨 亅 小 少			
	多少			
	duōshao			

不用 búyòng 필요 없다	一 ア 不 不 丿 刀 月 月 用			
	不用			
	búyòng			

打 dǎ (전화를) 걸다, 하다	一 十 扌 扩 打				
	打 dǎ				

电话 diànhuà 전화 (電話)	丨 冂 冃 曱 电 丶 讠 讠 讠 讠 话 话 话				
	电话 diànhuà				

给 gěi ~에게 (給)	乙 乡 纟 纟 纱 纱 纱 给 给				
	给 gěi				

发 fā 발송하다, 전송하나 (發)	乚 ナ 步 发 发				
	发 fā				

短信 duǎnxìn 문자 메시지	丿 仁 仁 钅 钅 钲 钲 钲 短 短 短 丿 亻 亻 亻 信 信 信 信 信				
	短信 duǎnxìn				

1 병음에 성조를 표시하고, 한자, 병음, 뜻을 모두 익힌 단어는 ☐에 체크하세요.

☐	知道	zhidao	툉 알다
☐	手机	shouji	몡 핸드폰, 휴대 전화
☐	身份证	shenfenzheng	몡 신분증
☐	学生证	xueshengzheng	몡 학생증
☐	号码	haoma	몡 번호
☐	多少	duoshao	대 얼마
☐	多	duo	혱 많다
☐	少	shao	혱 적다
☐	不用	buyong	필요 없다
☐	谢	xie	툉 감사하다
☐	在	zai	뷰 ~하고 있다
☐	呢	ne	죄 진행을 표시하는 어기조사
☐	打	da	툉 (전화를) 걸다, 하다
☐	电话	dianhua	몡 전화
☐	给	gei	개 ~에게
☐	正在	zhengzai	뷰 ~하고 있다
☐	正	zheng	뷰 ~하고 있다
☐	哎呀	aiya	감탄 아이고, 어머나
☐	那	na	접 그럼, 그렇다면
☐	发	fa	툉 발송하다, 전송하다
☐	短信	duanxin	몡 문자 메시지

2 ⓐ는 중국어, ⓑ는 ⓐ의 병음입니다. 빈칸에 적절한 한자 혹은 병음을 써서 문장을 완성하세요.

(1) ⓐ 王老师的手机号码(　　　　)多少?

　　 ⓑ Wáng lǎoshī de (　　　　)jī hàomǎ shì duōshao?

(2) ⓐ 我知(　　　　)他叫什么名字。

　　 ⓑ Wǒ zhīdào tā (　　　　) shénme míngzi.

(3) ⓐ 他(　　　　)身份证号码是21346678。

　　 ⓑ Tā de shēnfènzhèng hàomǎ shì èr (　　　　) sān sì liù liù qī bā.

(4) ⓐ 他正在(　　　　)妈妈打电话。

　　 ⓑ Tā zhèngzài gěi māma (　　　　) diànhuà.

3 보기 에서 알맞은 단어를 찾아 괄호를 채우세요. (보기의 단어 중복 사용 불가)

| 보기 | 呢　没　不　谁　发 |

(1) 你在给(　　　　)打电话?

(2) 他正在上课(　　　　)。

(3) 你知(　　　　)知道他的学生证号码?

(4) 我(　　　　)短信。

(5) 你昨天吃(　　　　)吃面条?

4 제시된 단어들을 어순대로 배열하여 한국어를 중국어로 옮겨 보세요.

(1) 김 선생님의 신분증 번호는 어떻게 됩니까?

的 / 是 / 号码 / 身份证 / 金老师 / 多少

_____

(2) 제 남동생은 수업을 듣고 있습니다.

弟弟 / 上课 / 我 / 正在 / 呢

_____

(3) 그는 친구에게 전화를 걸고 있습니다.

正在 / 他 / 朋友 / 电话 / 打 / 给

_____

(4) 우리들은 선생님께 감사드립니다.

我们 / 老师 / 谢谢

_____

(5) 저는 그의 이름이 뭔지 압니다.

什么 / 知道 / 他 / 我 / 叫 / 名字

_____

5 틀린 곳을 올바르게 고쳐 보세요.

(1) 我没知道朴老师的电话号码。

(2) 昨天弟弟不给妈妈打电话。

(3) 不用谢谢!

(4) 你的电话号码多少?

(5) 韩国人喜不喜欢喝咖啡吗?

6 다음 중국어를 한국어로 옮겨 보세요.

(1) 我昨天给爸爸打电话了。

_____

(2) 你正在做什么呢?

_____

(3) 我不知道王老师家的电话号码。

_____

(4) 我没给妈妈发短信。

_____

(5) 我也知道他叫什么名字。

_____

这件蓝色的衣服多少钱?

이 파란 옷은 얼마예요?

▱ 간체자 쓰기

冷
lěng
춥다, 차다

丶 冫 冫 冫 冫 冷 冷

冷
lěng

想
xiǎng
생각하다, ~하고 싶다
~하려고 하다

一 十 才 木 机 机 机 相 相 相 想 想 想

想
xiǎng

买
mǎi
사다
(買)

一 丁 丁 卫 买 买

买
mǎi

厚
hòu
두껍다

一 厂 厂 厅 厚 厚 厚 厚 厚

厚
hòu

衣服
yīfu
옷

丶 亠 亠 衣 衣 衣
丿 月 月 月 肝 服 服 服

衣服
yīfu

蓝色
lánsè
파란색
(藍色)

一 十 艹 艹 苧 苧 萨 萨 萨 萨 萨 蓝 蓝

丿 ⺈ ⺈ 勹 色 色

蓝色				
lánsè				

漂亮
piàoliang
예쁘다, 아름답다

丶 丶 氵 氵 汀 汀 洒 洒 漂 漂 漂 漂 漂 漂

丶 一 亠 亠 亠 声 亭 亭 亮

漂亮				
piàoliang				

售货员
shòuhuòyuán
판매원
(售貨員)

丿 亻 亻 广 亻 亻 隹 隹 隹 售 售

丿 亻 亻 化 化 伩 货 货

丨 口 口 尸 吊 员 员

售货员				
shòuhuòyuán				

试
shì
(시험 삼아) 해 보다
(試)

丶 讠 讠 讠 讠 讠 试 试

试				
shì				

钱
qián
돈
(錢)

丿 ⺈ 钅 钅 钅 钅 钅 钱 钱 钱

钱				
qián				

1 병음에 성조를 표시하고, 한자, 병음, 뜻을 모두 익힌 단어는 ☐에 체크하세요.

☐ 这几天　　zhe ji tian　　요 며칠

☐ 天气　　tianqi　　명 날씨

☐ 冷　　leng　　형 춥다, 차다

☐ 热　　re　　형 덥다, 뜨겁다

☐ 想　　xiang　　동 생각하다　조동 ～하고 싶다, ～하려고 하다

☐ 买　　mai　　동 사다

☐ 卖　　mai　　동 팔다

☐ 厚　　hou　　형 두껍다

☐ (一)点儿　　(yi)dianr　　수량 조금, 약간

☐ 衣服　　yifu　　명 옷

☐ 一起　　yiqi　　부 함께

☐ 什么时候　　shenme shihou　　대 언제

☐ 件　　jian　　양 윗도리를 세는 단위

☐ 蓝色　　lanse　　명 파란색

☐ 漂亮　　piaoliang　　형 예쁘다, 아름답다

☐ 售货员　　shouhuoyuan　　명 판매원

☐ 可以　　keyi　　조동 (가능) ～할 수 있다, (권유) ～할 만하다

☐ 试　　shi　　동 (시험 삼아) 해 보다

☐ 多少钱　　duashao qian　　(값이) 얼마예요?

☐ 钱　　qian　　명 돈

☐ 块　　kuai　　양 위안

☐ 有点儿　　youdianr　　부 조금, 약간

☐ 贵　　gui　　형 비싸다

☐ 便宜　　pianyi　　형 싸다

☐ 看　　kan　　동 보다

2 ⓐ는 중국어, ⓑ는 ⓐ의 병음입니다. 빈칸에 적절한 한자 혹은 병음을 써서 문장을 완성하세요.

(1) ⓐ 我(   )买厚一点儿的衣服。

ⓑ Wǒ xiǎng (   ) hòu yìdiǎnr de yīfu.

(2) ⓐ 这(   )衣服很漂亮。

ⓑ Zhè jiàn yīfu hěn (   )liang.

(3) ⓐ 这个多少(   )?

ⓑ Zhège (   )shao qián?

(4) ⓐ 那个有(   )贵。

ⓑ Nàge yǒudiǎnr (   ).

3 보기 에서 알맞은 단어를 찾아 괄호를 채우세요. (보기의 단어 중복 사용 불가)

보기   再   也   的   了   什么时候

(1) 这几天天气冷(   )。

(2) 我(   )想买厚一点儿的衣服。

(3) 你(   )去买衣服?

(4) 这件蓝色(   )衣服多少钱?

(5) 我想(   )看看那件衣服。

4 제시된 단어들을 어순대로 배열하여 한국어를 중국어로 옮겨 보세요.

(1) 저는 파란색 옷을 사고 싶습니다.

想 / 我 / 蓝色 / 买 / 的 / 衣服

_____

(2) 저는 요 며칠 좀 바쁩니다.

忙 / 这几天 / 我 / 有点儿

_____

(3) 우리 함께 사러 갑시다.

买 / 我们 / 吧 / 一起 / 去

_____

(4) 이 옷은 (값이) 얼마예요?

多少 / 衣服 / 这 / 钱 / 件

_____

(5) 그녀의 집은 엄청 예쁩니다.

家 / 漂亮 / 太 / 她 / 了

_____

5 틀린 곳을 올바르게 고쳐 보세요.

(1) 我想不买这件衣服。

(2) 星期天他们想吃饭一起。

(3) 我们去现在吧。

(4) 你什么时候中国去？

(5) 他的那件衣服厚有点儿。

6 다음 중국어를 한국어로 옮겨 보세요.

(1) 你可以给我一千块钱吗？

_____

(2) 他最近有点儿不高兴。

_____

(3) 我们现在去上课吧。

_____

(4) 我喜欢厚一点儿的。

_____

(5) 星期天你想做什么？

_____

是在哪儿买的?

어디에서 샀어요?

✏️ 간체자 쓰기

学校
xuéxiào
학교
(學校)

丶 丷 丷 ⺍ 学 学 学 学
一 十 オ 木 木 柊 栌 栌 栌 校

| 学校 | | | | |
| xuéxiào | | | | |

宿舍
sùshè
기숙사

丶 丶 宀 宀 宀 宀 宿 宿 宿 宿 宿
丿 亼 亼 亼 仝 仝 舍 舍

| 宿舍 | | | | |
| sùshè | | | | |

出租车
chūzūchē
택시
(出租車)

一 凵 屮 中 出 出
一 三 千 禾 禾 和 和 和 租 租
一 七 左 车

| 出租车 | | | | |
| chūzūchē | | | | |

地铁
dìtiě
지하철
(地鐵)

一 十 土 圠 圠 地
丿 𠂤 𠂤 𠂤 𠂤 钅 铂 铁 铁 铁 铁

| 地铁 | | | | |
| dìtiě | | | | |

远
yuǎn
멀다
(遠)

一 二 テ 元 元 远 远

| 远 | | | | |
| yuǎn | | | | |

新 xīn 새롭다 (新)	` ｀ ﾂ ﾂ 立 立 辛 辛 亲 新ˊ 新 新 新			
	新			
	xīn			

颜色 yánsè 색깔 (顔色)	` ｀ ﾂ ﾂ 立 产 产 彦 彦 彦 彦 彦 颜 颜 颜 ノ ノ ⺈ 名 名 色			
	颜色			
	yánsè			

款式 kuǎnshì 스타일	一 十 土 圭 圭 青 青 寺 款 款 款 一 二 干 王 式 式			
	款式			
	kuǎnshì			

不错 búcuò 좋다, 괜찮다 (不錯)	一 丆 不 不 ノ ⺊ ⻐ ⻐ 钅 钅 钅 钍 错 错 错 错 错			
	不错			
	búcuò			

商场 shāngchǎng 쇼핑몰 (商場)	` ﾂ ﾂ 产 产 产 产 育 商 商 商 一 十 土 圹 场 场			
	商场			
	shāngchǎng			

1 병음에 성조를 표시하고, 한자, 병음, 뜻을 모두 익힌 단어는 ☐에 체크하세요.

☐	回	hui	동 돌아가다, 돌아오다
☐	学校	xuexiao	명 학교
☐	宿舍	sushe	명 기숙사
☐	坐	zuo	동 앉다, (교통수단을) 타다
☐	出租车	chuzuche	명 택시
☐	时间	shijian	명 시간
☐	堵车	du//che	동 차가 막히다
☐	地铁	ditie	명 지하철
☐	从……到……	cong……dao……	~에서~까지
☐	地铁站	ditiezhan	명 지하철역
☐	远	yuan	형 멀다
☐	近	jin	형 가깝다
☐	就	jiu	부 바로, 정말로, 다름 아니라
☐	新	xin	형 새롭다
☐	旧	jiu	형 낡다
☐	颜色	yanse	명 색깔
☐	款式	kuanshi	명 스타일
☐	不错	bucuo	형 좋다, 괜찮다
☐	是……的	shi……de	강조 구문을 만드는 문형
☐	商场	shangchang	명 쇼핑몰
☐	西单	Xidan	고유 시단

2 ⓐ는 중국어, ⓑ는 ⓐ의 병음입니다. 빈칸에 적절한 한자 혹은 병음을 써서 문장을 완성하세요.

(1) ⓐ 我(　　　　)地铁去学校。
　　ⓑ Wǒ zuò dìtiě (　　　　) xuéxiào.

(2) ⓐ 从我家(　　　　)学校不远。
　　ⓑ (　　　　) wǒ jiā dào xuéxiào bù yuǎn.

(3) ⓐ 这件衣服(　　　　)在哪儿买的?
　　ⓑ Zhè jiàn yīfu shì zài (　　　　) mǎi de?

(4) ⓐ 地铁(　　　　)就在那儿。
　　ⓑ Dìtiězhàn (　　　　) zài nàr.

3 보기 에서 알맞은 단어를 찾아 괄호를 채우세요. (보기의 단어 중복 사용 불가)

보기　去　从　是　了　回

(1) 你的这个手机(　　　　)多少钱买的?

(2) (　　　　)动物园到地铁站太远了。

(3) 你怎么(　　　　)家?

(4) 那个商场的衣服太贵(　　　　)。

(5) 你怎么(　　　　)王老师家?

4 제시된 단어들을 어순대로 배열하여 한국어를 중국어로 옮겨 보세요.

(1) 저는 택시를 타고 집으로 가고 싶습니다.

我 / 出租车 / 家 / 想 / 坐 / 回

_____

(2) 당신은 몇 시에 식사하고 싶습니까?

几点 / 你 / 吃 / 想 / 饭

_____

(3) 저는 집으로 가서 밥을 먹고 싶습니다.

回 / 吃 / 想 / 我 / 饭 / 家

_____

(4) 이 옷은 스타일이 괜찮습니다.

款式 / 衣服 / 的 / 这 / 不错 / 件 / 很

_____

(5) 이 옷은 그 상점에서 산 게 아닙니다.

商场 / 不 / 在 / 这 / 衣服 / 件 / 是 / 买 / 的 / 那个

_____

5 틀린 곳을 올바르게 고쳐 보세요.

(1) 你是坐地铁来学校了吗?

(2) 我家从地铁站到不太远。

(3) 你的这件衣服多少钱买了?

(4) 地铁站就不在那儿。

(5) 我现在不想去家。

6 다음 중국어를 한국어로 옮겨 보세요.

(1) 你什么时候去中国?

_____

(2) 我现在不想吃饭。

_____

(3) 从中国到韩国不太远。

_____

(4) 你的手机是在哪儿买的?

_____

(5) 今天我不想坐公交车去学校。

_____

맛있는 books

퍼스트 중국어

1

워크북

이름:

맛있는스쿨

THE 강력해진
FULL PACK 시리즈로
돌아왔다!

영어 인강 신규 론칭!

맛있는스쿨 ▼ 🔍

회원 가입만 하면 누구나 **72시간 전 강좌 무료** 수강!

영어
전 강좌

FULL PACK

토익, 회화, 비즈 등
영어 전 강좌 무한 반복 수강

중국어
전 강좌

FULL PACK

HSK, 회화, 어린이, 통대 등
중국어 전 강좌 무한 반복 수강

프리미엄
전 외국어

FULL PACK

중국어, 일본어, 베트남어,
스페인어 전 강좌 무한 반복 수강

맛있는 스쿨
www.cyberJRC.com

맛있는중국어와
카카오톡 플러스친구 맺으면
1만원 할인권 증정!

KakaoTalk ⓟ 플러스친구

친구 등록하고 실시간 상담 받기

@맛있는중국어JRC